社会的養護の社会学

家庭と施設の間にたたずむ子どもたち

編著
土屋 敦
藤間公太

野崎祐人
三品拓人
宇田智佳
吉田耕平
平安名萌恵

青弓社

社会的養護の社会学——家庭と施設の間にたたずむ子どもたち

目次

第1部　社会的養護と「家庭」

第2部　子どもの教育体制と施設内規律

装丁――ナカグログラフ［黒瀬章夫］

凡例

［1］引用文中の引用者の補足や、聞き書きのなかの聞き手の補足などは〔　〕でくっている。

［2］引用文中の（略）は省略を表す。

［3］ドメスティックバイオレンスはＤＶと略記している。

［4］引用に際しては、書名は『　』で、新聞・雑誌名、記事のタイトルは「　」で統一した。

序章　「社会的養護の社会学」のインプリケーション

藤間公太

はじめに

児童相談所での虐待相談対応件数の増加はしばしば「最悪」の状況だと評される。例えば二〇二〇年十一月十九日付「読売新聞」朝刊一面には、「児童虐待　最悪十九万件　昨年度　学校・警察の相談増」と題した記事が掲載されている。この記事では、二〇一九年度に全国の児童相談所が対応した虐待相談の件数が二十九年連続で過去最多を更新したこと、当時相次いでいた虐待死亡事例を受けて学校や警察、近隣住民からの通告が増えたことが報じられている。[1]

このように児童虐待が問題化されることに伴い、社会的養護で暮らす子どもへの支援もまた、注目されている。例えば二〇二一年九月二十日付「朝日新聞」朝刊に、「施設・里親家庭の子、夢あきらめないで」という記事が掲載された。児童養護施設や里親家庭で育った大学生らが中心になって中・高校生向けのイベントを開いたことを報じたものである。この記事では、当時全国に約四万五千人いた「施設・里親家庭の子」が、親からの支援がなかったり進学に関する情報が限られていたりするという困難を抱えており、高等学校への進学率も二〇％に満たないことが取り上げられている。[2]

社会的養護とは、「保護者のない児童や、保護者に監護させることが適当でない児童を、公的責任で社会的に養育し、保護するとともに、養育に大きな困難を抱える家庭への支援を行うこと」[3]と定義される。社会的養護は、児童養護施設や乳児院をはじめとする施設養護と、里親やファミリーホームに代表される家庭養護とに大別される。

社会的養護のなかでも、保護者と分離して子どもを養育する営みは、特に「代替養育」と定義される。この代替養育は「本来は一時的な解決であり、（略）漫然とした長期間にわたる代替養育措置はなくなる必要がある」[4]とされながらも、子どもの最善の利益の観点から家庭復帰や養子縁組が困難な場合は依然として重要な選択肢となる。そのため、「子どものニーズに応じた養育形態が選択されるべきであり、かつ、永続的解決に向けた計画の立案とその実現に向けた不断の努力が必須となる」[5]。

社会的養護が注目を浴び、そのあり方についての議論が展開されること自体は否定されるべきことではないが、現状については丁寧に論じる姿勢が求められる。例えば児童虐待が「最悪」の状況にあるという認識は、親の養育力や個人的特性の問題へと容易に転嫁されうる。それはすなわち、児童虐待の背後に社会保障や社会福祉の制度的不備があることを隠蔽し、児童虐待を「たまたまある保護者が引き起こした個別的な特殊ケース」として扱うことでもある。「親の監護力が十分か否かは、環境が十分か否かによる」[6]という視点に立つならば、このことがはらむ問題は決して小さくない。また後述するように、社会的養護についてはその環境を「家庭」に近似させることが強く志向されている。このことは「標準的な家庭であれば問題なく子どもの養育がおこなわれるはず」という規範的想定を惹起する。それにより、やはり虐待を特殊ケースとする見方を強化したり、社会的養護の実践を「二流の代替選択肢」におとしめたりする点で、この志向は問題含みである。[7]

必要なのは、俯瞰的な視点から問いを立てることだろう。こうした問題関心から、本書は、「対象から問いを受け取る」[8]学問であり、ミクロな事象や相互作用とマクロな社会の構造の関係について論じることを得意とする社会学の視角を用いて、社会的養護をめぐる様々なトピックについて論じることを企図したものである。

本章ではまず、児童虐待の動向と、それを受けた社会的養護に関する政策の展開を整理する。次に、社会的養護を社会学の視角から検討することの特徴と意味を論じる。最後に、本書の各章の概要を紹介する。

1　戦後日本における社会的養護の展開

戦後日本における社会的養護の展開をやや単純化してまとめるならば、「戦災孤児の保護から児童虐待対応へ」[9]と表現することが可能である。敗戦直後の社会的養護は、第二次世界大戦によって発生した「戦災孤児」や「浮浪児」を保護する色合いが強かった。この時代、「親がいない子ども」たちの表象は、「慈しむべき哀れな孤児像」と「不良化し犯罪化する危険な浮浪児像[10]」という二重の描かれ方を伴って形成された。そうした社会状況のもとで、育児院や孤児院などが急ピッチで増設された。それとともに、次世代の社会の担い手である子どもを健全に育成する必要性が強調されるようになり、一九四七年には児童福祉法が成立し、社会的養護の制度化が進められた。その後、高度成長期からオイルショックまでの時期には、親の失業、家出、事故、病気、離婚、長期間の出稼ぎなどを原因とした「家庭崩壊」を受けた児童福祉政策の一環として、社会的養護は整備されていった。この時期の特徴として、それまでは施設での保護の対象外だった実親のもとで暮らす子どもにまで社会的養護政策の関心が広がったことが指摘されている[11]。そして、九〇年代以降、児童虐待が社会問題化するとともに、虐待を受けた子どもを保護し、その自立を支援する営みとして社会的養護はその存在感を強めてきた。

近年の状況について、統計を確認しておこう。図1は、子どもが社会的養護に措置・委託された

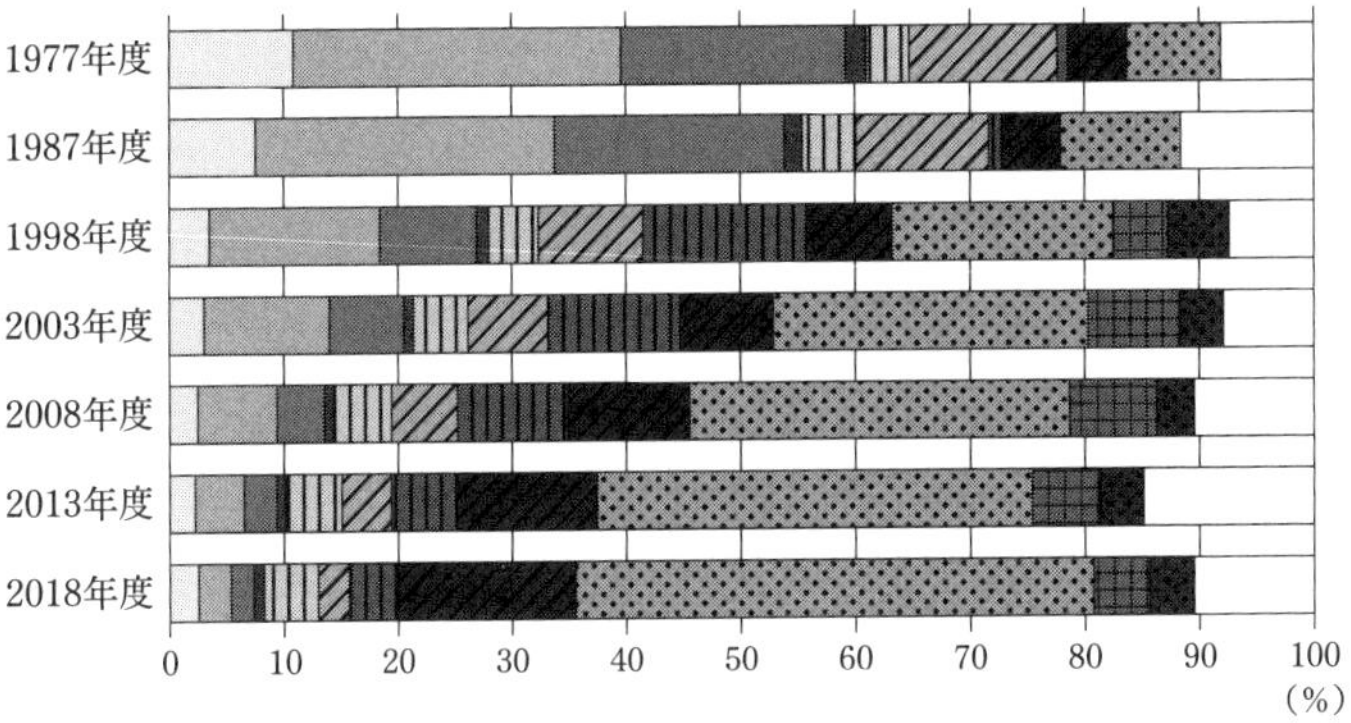

図1 社会的養護措置・委託理由の変遷
(出典：厚生労働省「社会的養護の現状について〔平成25年3月版〕」と厚生労働省子ども家庭局家庭福祉課『社会的養育の推進に向けて』〔厚生労働省、2022年〕から筆者作成)
注：「破産等の経済的理由」「児童問題による監護困難」については、1977年度と87年度の数値が公表されていない。

理由の変遷である。この図をみると、かつては「父母の行方不明」「父母の離婚」「父母の入院」「父母の死亡」といった、「親がいなくなった」ことが理由の上位を占めていたが、一九九八年度から「虐待」を理由とする措置、委託が最も多くなり、その割合は年々大きくなっている。二〇一八年度についてみてみると、「虐待」のほか、「父母の精神疾患等」「破産等の経済的理由」といった理由が上位にあることがわかる。

児童相談所が対応した児童虐待に関する相談についても動向を確認しておきたい。統計が開始された当時は千百一件だった相談対応件数は、二〇二〇年度には二十万五千四十四件と、二百倍近い数にのぼっている。近年の虐待

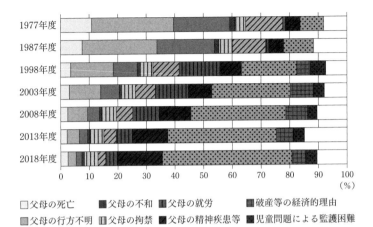

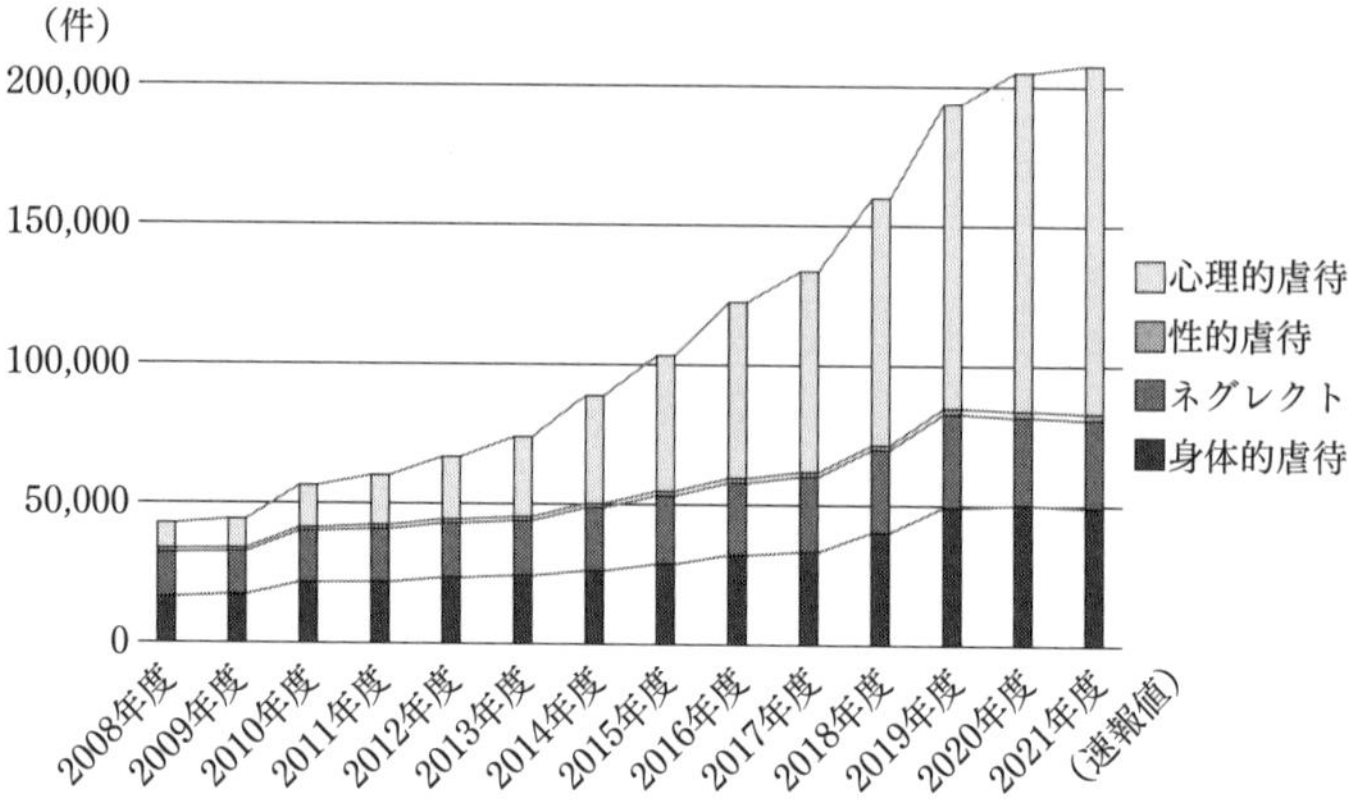

図2　虐待種別児童相談所での虐待相談対応件数の推移（2008－21年度）
（出典：「令和2年度福祉行政報告例」〔厚生労働省、2021年〕と厚生労働省による2021年度速報値から筆者作成）

種別での相談対応件数の推移をみると、なかでも心理的虐待に関する相談対応件数が著しく増加していることが読み取れる（図2）。

本章の冒頭でも示したとおり、増加を続ける児童虐待相談対応件数について、しばしばメディア報道などでは「過去最悪」と評されるが、こうした見方は妥当ではない。まず、この数値はあくまでも「児童相談所が相談に対応した件数」であり、「実際に児童虐待が発生していると認定された件数」を指すものではない。また、「虐待」の定義それ自体が広くなっていることにも注意が必要である。例えば心理的虐待についていえば、面前ＤＶやきょうだいへの虐待がその範疇に含まれるようになったことが、相談件数の増加に少なくない影響を与えていると考えられる。そのため、児童虐待相談対応件数が増加していることをもって、「児童虐待が過去最悪の状況にある」、ひいては「かつてよりも子どもが危険な状況に置かれている」「わが子を虐待する不適切な親が増えている」といった評価をすることは妥当とはいえない[12]。

その一方で、「虐待」を「社会のなかで、相対的に困難な状況に子どもが置かれること」と見なすならば、虐待を受けた子どもに対する支援は当然必要となる。そして社会的養護は、そうした支援の重要な一部分を担うものである。必要とされる支援は子どももそれぞれが置かれた状況によって異なるが、ここでは戦後の社会的養護改革をめぐる議論の一つの結実点ともいえる『新しい社会的養育ビジョン』に挙げられている論点のなかから、本書との関係で特に重要な点を三つ取り上げておきたい。

第一に、子どもの「自立支援」である。『新しい社会的養育ビジョン』では、「現代社会における自立的生活の社会的基盤」として、「①安定的で適切な居住環境、②市民的権利としての社会保障・社会福祉制度への包摂、③生活ニーズを充足できる水準の所得、④就労機会の確保と適切な労働条件、⑤一般的に推奨される諸活動・社会参加の機会、⑥教育機会の確保等」を挙げている。そのうえで、「すべての若者にこうした自立生活の基盤を提供することが原則であり、（略）特に代替養育を経験した子どもの自立支援については、その子どもが自立生活を開始し、親になる準備期を経て親となって子どもを産み育てるまで、定期的かつ必要に応じて継続的に実施することが求められる[13]」としている。社会的養護をはじめ、児童福祉法に基づくサービスは原則として十八歳までを対象としているものが多いため、十八歳を過ぎたあとに社会的孤立などの困難を抱えやすいことが指摘されてきた[14]。こうした問題に対処すべく、十八歳以降も適切に支援が提供される制度作りが求められているのである。

第二に、子どもの権利や主体性の重視である。子どもの権利や主体性への着目そのものは社会的養護に限定された話ではなく、一九八〇年代ごろから子どもを論じる際にしばしば言及されることである。そこでは、「『教育的』で『大人中心主義的』だとみなした既存の子ども観を乗り越えようという動き」があり、「子どもの視点に立ってその生活世界を見つめ、新しい価値を創出することを強調するような子ども理解の枠組みが提案された」[15]。八九年に子どもの権利条約が締結され、日本も九四年に批准したことなどを受け、社会的養護のフィールドでも、子どもの権利や主体性は年々強調されるようになってきている。そのなかでも注目されているのが、子ども自身の意見表明権である。『新しい社会的養育ビジョン』でも、「代替養育においては、子どもの意見表明権の保障が重要である。また、担当のソーシャルワーカーが特定した代替養育の場が子どもにとって必要かつ適切なものであるか否かについて聴取されるべきである。子どもの意見表明権を保障するために、子どもの年齢にかかわらず、子どもの希望も踏まえ、必要に応じてアドボケイトをつける制度が求められる。（略）少なくとも親権を行う者がない子ども等については未成年後見人の選任を積極的に行うべきである」[16]としている。

第三に、家庭養護優先の原則である。日本の社会的養護については、施設養護が圧倒的多数を占めていることが戦後一貫して問題視されてきた。問題とされる背景は時代によって若干異なるが、基本的には、「施設養護では養育者が一貫せず、それゆえ子どもが特定の大人との愛着関係を形成できない」という認識があったといっていい。また、国連子どもの権利委員会から「子どもが家庭で育つ権利を保障できていない」と、日本の社会的養護の現状についての勧告がなされたことも、家庭養護優先の原則が強調される背景の一つである。『新しい社会的養育ビジョン』でも、「代替養育は家庭での養育を原則とし、高度に専門的な治療的ケアが一時的に必要な場合には、子どもへの個別対応を基盤とした「できる限り良好な家庭的な養育環境」を提供し、短期の入所を原則とする[17]」と、家庭養護優先の原則が示されている。このように家庭養護優先の原則を強調する議論は、近代家族のようなあり方を子どものケアの「理想的な環境」と措定し、社会的養護の環境をそれに近似させることを目指している[18]。

手短ではあるが、戦後日本の社会的養護の展開と近年の論点を概観してきた。次節では、社会的養護に対して社会学的にアプローチすることの意味を述べておこう。

2 「社会的養護の社会学」のインプリケーション

社会的養護や児童虐待についての研究は、伝統的には社会福祉学、子ども家庭福祉学といった領域で蓄積されてきた。それらの領域では、現場で当事者や支援者が直面している課題に基づき、よりいい援助のあり方を模索するという実践的な観点から、分厚い事例研究が展開されてきた。児童虐待に関していえば、「実践に即した虐待にかかわる調査や、虐待を発見・予防するためのツールの作成、被虐待児や虐待をする親に対するカウンセリングやセラピーの手法の確立[19]」といった課題が取り組まれてきた。社会的養護についても膨大な事例研究があり、ここですべてを挙げることは不可能だが、例えば前節でみた子どもの意見表明をめぐっては、施設などを退所したあとに困難な状況に直面した当事者へのインタビューに基づき、そのあり方を検討する議論などがなされている[20]。

社会学的な観点からの社会的養護研究も、二〇〇〇年代以降に急速に蓄積されてきている。例えば施設養護に措置された子どもが直面するスティグマや社会的排除の問題については、特に教育社会学領域で議論がなされている。田中理絵は、児童養護施設での生活を経験した退所者も含めた当事者へのインタビュー調査を実施した。その結果、「家族崩壊を経験した者」「児童養護施設での生活を経験した者」として付与されるスティグマに対し、解消のために当事者がとることができる手段がパッシングに限定されていることや、自己呈示をめぐるダブル・バインド状況に対して当事者は必ずしも積極的に立ち向かおうとしないことなどが明らかにされた[21]。また、西田芳正らは、児童養護施設での生活を経験した者のなかでも特に高学歴を達成した「施設エリート」に着目し、インタビュー調査に基づいてその生活史を分析した。その結論として、「家族依存社会」では児童養護施設は必ずしも当事者のセーフティネットたりえていないこと、その背景には現場関係者だけではなく、福祉行政や研究者も含めた社会のあり方が関係していることが指摘されている[22]。

里親についての研究も、家族社会学、福祉社会学の領域で蓄積されている。和泉広恵は、里親の経験や意識の多様性に着目してインタビュー調査をおこない、「里親家族とは何か」ひいては「家族とは何か」という問いに取り組んでいる。その結果、「時間の共有と関係性の構築」「家族の枠への想像力」という、血縁家族では特段意識することが求められない二つの実践が、里親家族には求められることを明らかにしている[23]。安藤藍は、里親を「福祉的文脈」と「家族的文脈」が交錯する両義的な存在と位置づけたうえで、インタビュー調査に基づき、里親制度上の理念や運用上の慣例にみられる規範にずれが存在することや、養育のなかで多くの里親が「無限定的な」ケア志向にからめとられていく様子を描き出している。後者について安藤は、こうした「無限定性」の背後には「一般家庭であればこのようにするものだ」という論理を里親が強く内面化していることが関係していると指摘している。(24)

さらに、社会的養護に関する政策がもつ顕在的／潜在的な想定の相対化を試みる議論もなされている。例えば筆者は、児童自立支援施設での参与観察と職員へのインタビュー調査を通じて、施設での集団生活でこそ子ども個々のニーズが満たされる部分もあることを示し、「施設を家庭のように小規模化するべき」という政策の方向性に疑義を呈した。(25)また上村泰裕は、国際比較データを用い、対二十歳未満人口比でみたとき、日本では里親家庭だけでなく施設で暮らす子どもも他国に比べて少ないことを示し、「社会的養護全体が貧困であること」が本当の問題だと指摘している。(26)同様に三輪清子も、里親委託率低迷が問題化される際にしばしばいわれる「里親が不足している」という主張を経験的データから反証し、問題は登録されている里親を活用できない制度的不備にあると論じている。(27)

以上のような社会的養護に関する社会学的研究がアプローチしてきたのは、子どものケアや教育をめぐる日本社会の規範や構造の問題である。社会的養護は「公的な福祉制度」としての側面と「擬制的な親子関係」という私的な側面とをあわせもつものであるため、「ケアの公私問題」が生じるといわれている。(28)一方で、社会的養護の場を「家族的」「家庭的」と見なす人は、現在の日本では多数派ではないだろう。他方で、それらの場では、従来は家族が支配的に果たしてきたような、共同生活のもとで子どもに情緒的・身体的なケアを与えるという機能を遂行することが要請される。誤解を恐れずにいうならば、「家族的機能を果たす非家族」として社会的養護を位置づけることができるだろう。[29]このように「家族的でない」「家庭的でない」と見なされる場で「家族的機能」を果たすことが要請されるとき、「家族」「家庭」、さらには子どもの教育や発育をめぐる規範が、意識的／無意識的に参照されると考えられる。そうした規範を描き出すことに、社会学的な社会的養護研究は共通して取り組んできたといえるだろう。

本書もこうした「社会的養護の社会学」の系譜に位置づけられるものだが、その特徴は主に二点ある。

第一に、文書と現場という二つのレベルで、規範がどのように表象されるのかを描き出している点である。次節で示すように、本書の冒頭の二章は、雑誌や政策文書で「愛着障害」や「家庭的」という言葉がどのように表象されていて、そしてそれが子どものケアや教育、そして家族をめぐる規範とどのように結び付き、社会的養護の方向性を水路づけようとしているのかを描き出している。そして続く四つの章では、施設養護の現場を対象に、規範がどのように認識されジレンマを生んでいるのか、現場の人々はそうしたジレンマにいかに対処しているのかといった点に接近している。執筆者たちが当初から意識してしたわけではないが、本書を通読することで、社会的養護をめぐる規範の問題が様々な抽象度のレベルで浮かび上がってくるだろう。

第二に、施設養護の複相性に接近している点である。すでに社会学の領域でも施設養護を対象にした先行研究は複数存在している。しかしながら、それらの多くに共通する課題として、限られた施設（種別）だけを対象としてきたために、得られたデータから「施設養護の問題」を論じる際の分析的一般化が不十分だったことがある。本書の各章では、種別や規模が違う施設でのジレンマを描く。その結果、同じ「施設養護」でも、種別による目的の違いや規模による運営のありようの違いによって、規範の動員のされ方や経験されるジレンマの様相が異なることが明らかになる。当然といえば当然の知見ではあるが、基礎的なレベルでもこの点を一つのプロジェクトのなかで示したことは、「社会的養護の社会学」への貢献として認められるだろう。

3　本書の概要

本書は二部構成をとる。第1部「社会的養護と「家庭」」では、社会的養護の場での「家庭性」をめぐる問題を検討する。

第1章「母性的養育の剝奪論／愛着理論の再構築と里親委託――一九七〇―二〇〇〇年代の里親関連専門誌の分析から」（土屋敦）では、特に一九七〇年代から二〇〇〇年代の里親言説から、社会的養護の場での愛着障害概念の構築を検討する。〇〇年代以降、社会的養護をめぐる議論で、「愛着障害」という概念が（再）構築される。一九七〇年代から二〇〇〇年代までの里親言説の変遷を追うことで、「愛着障害」概念の（再）構築過程を追うのが、第1章の目的である。分析からは、一九七〇―八〇年代に愛着理論をめぐる議論が消失していて、このことが日本の里親をめぐる言説の特徴として指摘できること、その後、二〇〇〇年代以降に「愛着障害」概念が再構成される際には、子どもの権利条約の批准や国連勧告などの「外圧」の影響下で政策課題が議論されるなかで、後付け的に「愛着障害」に言及される頻度が飛躍的に増えたことが明らかにされる。

第2章「社会的養護政策での「家庭的」の意味とその論理――二〇〇〇年代以降の政策関連資料から」（野崎祐人）では、二〇〇〇年代以降の社会的養護に関する主要な政策文書や議事録で「家庭的」がどのように解釈され、用いられているのかを分析する。それらの資料では、「家庭的」という言葉は、基本的に養育形態を一般家庭のありように近似させることを意味する語であり、それによって個別性や一貫した愛着関係の形成を実現することができるという理由から、「あるべき社会的養護のかたち」を示す規範的な語として用いられる。その一方で、「家庭的であること」と「専門的であること」との境界をめぐって複数の言説が並立していたり、家族の多様性に関する学問的知識・日常的知識が持ち出されることで「家庭的」であることの意味内容が一義的ではなくなっていたりするなど、「家庭的」という言葉が必ずしも無批判に用いられているわけではないことを示すような局面も、この章での分析で示される。

第3章「児童養護施設が「家庭的」であること――中規模施設と地域小規模施設の比較から」（三品拓人）では、中規模の児童養護施設、およびその施設が設置した小規模施設での参与観察から、現場で何が「家庭的」とされているのか、「家庭」はどのように参照されているのか、という問いに取り組む。中規模施設の職員は、ドレッシングや炊飯器といった「物が大きいこと」が「普通の家庭とは違うこと」と認識する。小規模施設も、立ち上げのときに「家庭」ではなく「施設」と外部から見なされることで賃貸住宅が借りられないなどの困難を経験した一方、「ふらっと」外出できることなどが本体である中規模施設とは異なる「家庭的」側面として職員に語られる。三品は、中規模施設の職員は施設に「いま、ないもの」を「家庭的」なこととして語るのに対し、小規模施設の職員は施設に「いま、あるもの」を参照しながら「家庭」を語るという違いを指摘している。

第2部「子どもの教育体制と施設内規律」では、主に教育社会学や医療社会学、ジェンダー論の視座から、社会的養護における子どもの教育と施設内規律をめぐる主題を描き出す。

第4章「児童養護施設で暮らす子どもたちの〈仲間〉と〈友人〉――施設と学校でともに生きるということ」（宇田智佳）では児童養護施設での生活のなかで子どもたちの親密性が形成・維持されていく過程を明らかにするとともに、学校での友人関係の構築という視座から、施設入所児たちの親密性の意味が分析される。時間・空間の共有のなかで相互作用を蓄積し、情報を共有していくことで、施設入所児たちの親密性は形成されていく。学校生活で孤立しやすい施設入所児たちは、相互に連帯することで居場所を形成する半面、施設入所児同士で連帯することがむしろ学校での友人関係の構築を制限し、結果として孤立を強化してしまうという両義性もあることが、第4章での分析から明らかになる。

第5章「児童養護施設の職員は子どもの医療化とどう向き合ったのか」（吉田耕平）では、児童養護施設の子どもに「発達障害」の診断が下される事例が多いことに注視しながら、施設内の「医療化」の諸相が分析される。児童養護施設職員に対するインタビュー調査データの分析を通じ、①いつごろから発達障害の診断名が付与された子どもが児童養護施設に入所するようになったのか、②発達障害の診断を受ける子どもが増加するなかで、施設での子どもの養育にどのような変化が生じているのか、という二つの論点について検討がなされる。終わりがみえない治療が続くことに施設職員は不安を募らせている一方、向精神薬があるからこそ落ち着いていられる子どももいることから、職員の危惧だけを理由に投薬を中断することができないという、「医療化」されたために生じたジレンマを職員が抱えていることが明らかになる。

第6章「母子生活支援施設の母親規範を問う――介入手段としての生活の決まりに着目して」(平安名萌恵)では、母子生活支援施設での生活の決まりに対する職員の語りに注目し、そうした語りに「母親」をめぐる規範がどのようにあらわれるのかを検討する。母子生活支援施設職員は、生活の決まりがときに母親たちにとって抑圧的になりうることを認識している一方、母親らの危機管理意識の欠如や非計画性、依存性などに対応するうえで、生活の決まりを必要なものと位置づける。その際、「子どもの最善の利益」を保障するという母子生活支援施設の目的とも関連づけながら、規範的な「母親」であることを少なからず入居者に要請している。

以上の各章が共通して取り組んでいるのは、政策や現場の実情を把握するなかで、規範をめぐる問題を描写する作業である。対象そのものは、社会福祉学や子ども家庭福祉論のなかでこれまでもフォーカスされてきたものではあるものの、社会学的アプローチを掲げる本書が目指すのは、「よりよいあり方」についての「べき論」を提示することではない。そうではなく、規範やそれがもたらすジレンマについての分厚い記述から、その対象の歴史性、政治性、社会性を浮き彫りにするとともに、「常識」との距離化を図ることが、本書の狙いである。そのように実態を記述し、その背後にある規範や社会構造の問題を考えることは、社会学の視点を通してこそ可能になるものといえるだろう。

とはいえ、本書は実践的含意の導出を軽視するものでは当然ない。各章の執筆者たちはそれぞれが現場との何らかの関わりを有していて、実践的な貢献も意識しながら研究を進めてきた。そのため各章の知見は、何らかの形態で現場の実践に資するインプリケーションをもつものになっている。例えば本書の着眼点の一つである現場のジレンマを描写したうえで、その背後にマクロな社会構造の問題がどのように影響しているのかを考察することは、長期的にみれば現場での困難や課題を解決する手がかりを提供するだろう。本書が社会的養護についてのさらなる議論を喚起することになれば幸いである。

注

(1)「読売新聞」二〇二〇年十一月十九日付

(2)「朝日新聞」二〇二一年九月二十日付

(3)厚生労働省「社会的養護」(https://www.mhlw.go.jp/stf/seisakunitsuite/bunya/kodomo/kodomo_kosodate/syakaiteki_yougo/index.html)[二〇二一年十二月八日アクセス]

（4）新たな社会的養育の在り方に関する検討会『新しい社会的養育ビジョン』厚生労働省、二〇一七年、八ページ

（5）同資料八ページ

（6）リーロイ・H・ペルトン「児童虐待やネグレクトにおける社会環境的要因の役割」山野良一訳、上野加代子編著『児童虐待のポリティクス――「こころ」の問題から「社会」の問題へ』所収、明石書店、二〇〇六年

（7）藤間公太『代替養育の社会学――施設養護から〈脱家族化〉を問う』晃洋書房、二〇一七年。もともとは、施設で高齢者を介護する専門職が家族による介護を理想化することに対して、上野千鶴子が批判的に評した言葉である。上野千鶴子『ケアの社会学――当事者主権の福祉社会へ』太田出版、二〇一一年

（8）筒井淳也『社会学――「非サイエンス」的な知の居場所』（シリーズソーシャル・サイエンス）、岩波書店、二〇二一年

（9）藤間公太「社会的養護にみる家族主義」、三田社会学会編「三田社会学」第二十二号、三田社会学会、二〇一七年、三八―五四ページ

（10）土屋敦『「戦争孤児」を生きる――ライフストーリー／沈黙／語りの歴史社会学』青弓社、二〇二一年

（11）土屋敦「「施設養護」での育児規範の「理想形の上昇」――一九六〇年代後半から七〇年代前半を中心に」、野辺陽子／松木洋人／日比野由利／和泉広恵／土屋敦『〈ハイブリッドな親子〉の社会学――血縁・家族へのこだわりを解きほぐす』所収、青弓社、二〇一六年

（12）上野加代子『児童虐待の社会学』（世界思想社、一九九六年）、内田良『「児童虐待」へのまなざし

——社会現象はどう語られるのか』（世界思想社、二〇〇九年）、上野加代子『虐待リスク——構築される子育て標準家族』（生活書院、二〇二二年）などを参照。
(13)前掲『新しい社会的養育ビジョン』一五ページ
(14)前掲『代替養育の社会学』の第六章を参照。
(15)元森絵里子「子どもをどう見るか——20世紀の視角を乗り越える」、元森絵里子／南出和余／高橋靖幸編『子どもへの視角——新しい子ども社会研究』所収、新曜社、二〇二〇年、一—三一ページ
(16)前掲『新しい社会的養育ビジョン』三七ページ
(17)同資料一—二ページ
(18)前掲「社会的養護にみる家族主義」
(19)三島亜紀子「日本の児童虐待問題に関する研究の10年——社会福祉学の研究者 v.s. 社会学の研究者？」、福祉社会学研究編集委員会編「福祉社会学研究」第四号、福祉社会学会、二〇〇七年、一八九—一九〇ページ
(20)長瀬正子／谷口由希子「社会的養護の当事者の「声」——施設等退所後に困難な状況にある当事者に焦点をあてて」「子どもの虐待とネグレクト」第二十一巻第一号、日本子ども虐待防止学会、二〇一九年、五五—六二ページ
(21)田中理絵『家族崩壊と子どものスティグマ——家族崩壊後の子どもの社会化研究 新装版』九州大学出版会、二〇〇九年
(22)西田芳正編著、妻木進吾／長瀬正子／内田龍史『児童養護施設と社会的排除——家族依存社会の臨界』部落解放・人権研究所、二〇一一年
(23)和泉広恵『里親とは何か——家族する時代の社会学』勁草書房、二〇〇六年

(24) 安藤藍『里親であることの葛藤と対処――家族的文脈と福祉的文脈の交錯』(MINERVA 社会福祉叢書)、ミネルヴァ書房、二〇一七年
(25) 前掲『代替養育の社会学』
(26) 上村泰裕「国際比較から見た日本の子どもの貧困と社会的養護」、資生堂社会福祉事業財団編「世界の児童と母性」第七十九号、資生堂社会福祉事業財団、二〇一五年、五六―六〇ページ
(27) 三輪清子「なぜ里親委託は伸展しないのか?――里親登録者不足仮説と里親委託児童限定化仮説」、日本社会福祉学会機関誌編集委員会編「社会福祉学」第五十六巻第四号、日本社会福祉学会、二〇一六年、一―一三ページ
(28) 安藤藍「小規模住居型児童養育事業(ファミリーホーム)の現代的位置――社会福祉制度の「家庭性」」「人文学報 社会福祉学」第三十五号、首都大学東京人文科学研究科、二〇一九年
(29) 藤間公太「家族社会学の立場から捉える社会的養護――「子ども/大人」の相対化と「依存批判」との接合可能性」、日本子ども社会学会紀要編集委員会編「子ども社会研究」第二十四号、日本子ども社会学会、二〇一八年、二一三―二三二ページ

第1部　社会的養護と「家庭」

第1章　母性的養育の剥奪論／愛着理論の再構築と里親委託
――一九七〇―二〇〇〇年代の里親関連専門誌の分析から

土屋　敦

はじめに

母性的養育の剥奪論（maternal deprivation）と愛着理論（attachment theory）は、どのような軌跡を経て、社会的養護の場のあり方を考察する際に、それへの言及が欠くことができない主題として浮上したのか。本章は、この問いを歴史社会学の視座から、特に戦後の児童福祉改革が一段落つく一九七〇年代から社会的養護問題が政策の俎上に再び載せられていく二〇〇〇年代までの里親委託に関する言説を丹念に読み解くなかで明らかにすることを目的とする。

母性的養育の剥奪論とは、おおよそ二歳までの子どもが施設などで親から離れて育てられたためにみられるとされる「発達の遅れ」を説明するのに構築された児童精神医学上の病理論であり、愛着理論とは幼少期に親などの「特定の大人」との適切な愛着関係が形成されなかったために生じるとされる、情緒面や対人関係形成上に生じる困難を指して用いられる発達心理学・児童精神医学上の理論である。前者の母性的養育の剥奪論は、イギリスの精神医学者ジョン・ボウルビィによって、戦時期にヨーロッパ諸国で生じた戦災孤児の保護に際してWHO（世界保健機関）から委託され執筆した報告書『乳幼児の精神衛生』（一九五一年）のなかで定式化された理論であり、後者の愛着理論はその後のボウルビィの理論的展開のなかで、『愛着と喪失』三部作（一九六二―八二年）で定式化された理論である。その限りで、愛着理論は母性的養育の剥奪論の発展形態ともいえる。

この母性的養育の剥奪論／愛着理論の変遷史に鑑みれば、それぞれの時代によって「ホスピタリズム（施設病）」「母性的養育の剥奪」「愛着障害（反応性愛着障害を含む）」「アタッチメント障害」といった関連概念が生み出されてきた[(1)]。図1は、こうした用語群が論文タイトルもしくは論文キーワードに用いられた日本語論文件数の推移を国立国会図書館の検索システムで調べてまとめたものである。あくまでも母性的養育の剥奪論／愛着理論に関する学術論文刊行件数の推移からみえる動向だが、同理論を主題に編まれた論文の刊行件数には一九五〇年代前半と七〇年代前半にそれぞれ小さな山があり、その後約三十年に及ぶ議論の停滞期を経たあとに、二〇〇〇年代以降（特に二〇一〇年代半ば以降）膨大な数の論文が編まれだしたことがわかる。これは、母性的養育の剥奪論／愛着理論をめぐっては、戦後社会のなかで議論が活発な時期とそうでない時期の間の差が顕著であること、また同概念は日本の文脈では〇〇年代以降（特に二〇一〇年代以降）に劇的に社会的に（再）構築[(2)]されたカテゴリーであることを示唆している。

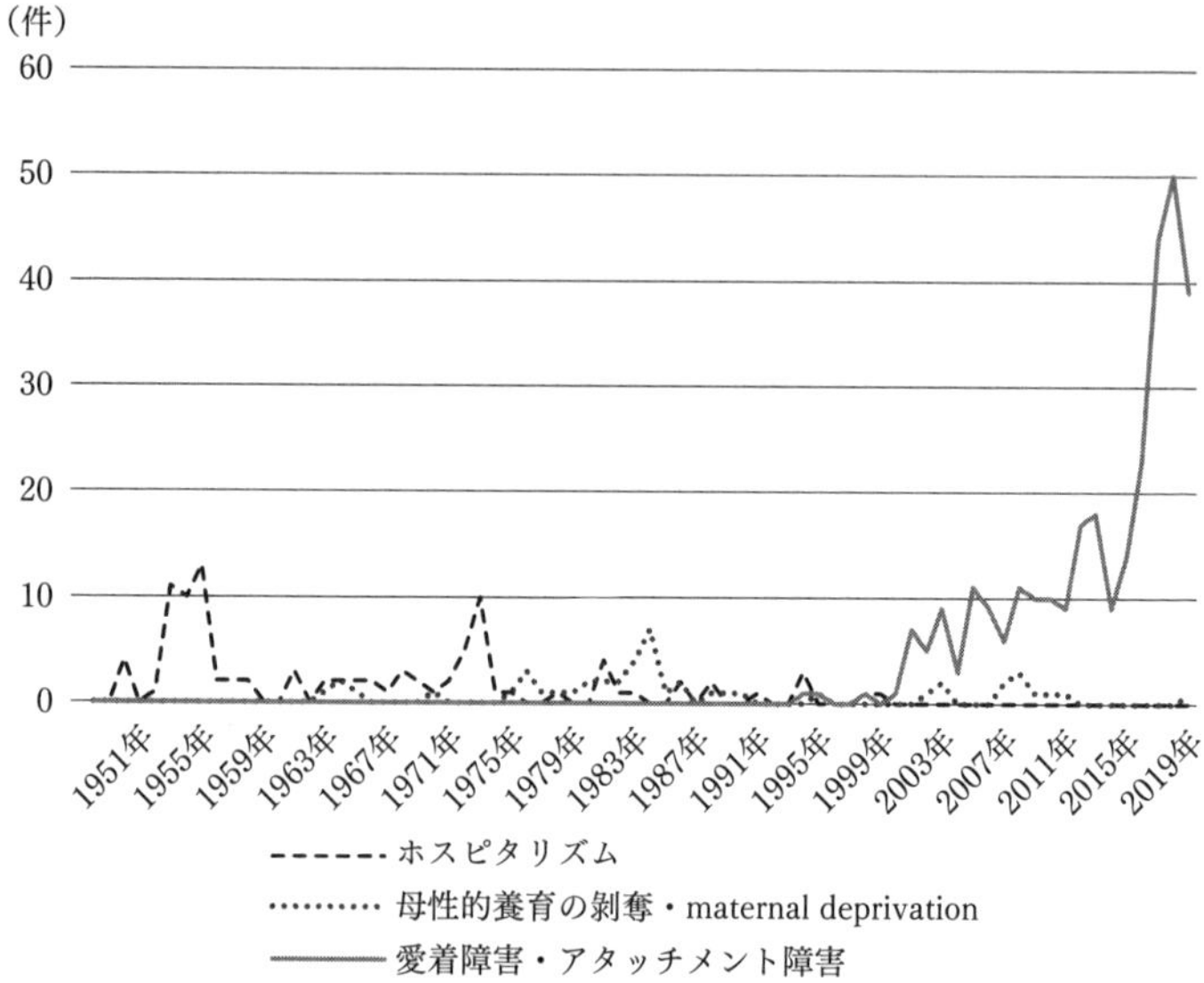

図1 「愛着障害」関連の論文件数の推移（1947－2020年）
（出典：国会図書館データベースから筆者作成）

ではなぜ、そしてどのような軌跡を経て、社会的養護の場でこの母性的養育の剥奪論／愛着理論が二〇〇〇年代以降（再）構築されるに至ったのか。本章では、社会的養護のなかでも里親委託に関する議論の変遷に焦点を当てて、冒頭で掲げた問いに答えることを目的とする。

本書の序章「「社会的養護の社会学」のインプリケーション」（藤間公太）と第2章「社会的養護政策での「家庭的」の意味とその論理——二〇〇〇年代以降の政策関連資料から」（野崎祐人）、第3章「児童養護施設が「家庭的」であること——中規模施設と地域小規模施設の比較から」（三品拓人）でも検討しているように、里親委託は特に二〇〇〇年代以降の社会的養護の場の「家庭化」が推進されるなかで重要視され、子どもの養育環境を「家庭」に近似させる際に最も「望ましい」場として位置づけられてきた経緯がある。また、社会的養護での里親委託優先の原則の根拠として提示されてきたのが、本章で検討する母性的養育の剝奪や愛着障害の回避などの主題だった。本章が一九七〇年代から二〇〇〇年代までの里親委託をめぐる言説の系譜に着眼するのは、そうした社会的養護の場の「家庭化」と母性的養育の剝奪論／愛着理論との結び付き方の歴史的変遷を歴史社会学の視座から読み解くことを企図するという理由による。

母性的養育の剝奪論／愛着理論と社会的養護

日本の社会的養護の場では、愛着理論は、特に二〇〇〇年代以降の子どもの社会的養護の場の制度改革に関する議論のなかで頻繁に言及される子どもの発達理論になっている。例えば、序章でも紹介した厚生労働省の新たな社会的養育の在り方に関する検討会による『新しい社会的養育ビジョン』(二〇一七年八月公表)のなかでは、この愛着理論を根拠にしながら、社会的養護の場で「子どもへの個別対応を基盤とした「できる限り良好な家庭的な養育環境[3]」」の提供が掲げられるとともに、永続的解決(パーマネンシー保障)としての特別養子縁組の推進や施設養護に対する家庭養護優先の原則、乳幼児の家庭養育原則の徹底や就学前の子どもの施設への新規措置入所の原則停止などが実施項目として掲げられている。また同ビジョンでは、特に「愛着形成に最も重要な時期である三歳未満については概ね五年以内に、(略)里親委託率七五%以上を実現[4]」することが規定されるなど、愛着理論上で重要な乳幼児期の子どもに対する「家庭的な養育環境」提供のために多くの提言がなされている。こうした社会的養護の場を「一般家庭」に近似させるための施策（社会的養護の場の「家庭化」[5]）は、〇〇年代以降の日本では、国連子どもの権利条約への批准（一九九四年）と国連子どもの権利委員会からの三度の勧告（一九九八年、二〇〇一年、二〇一〇年）を受けるものとして、また愛着理論を同施策推進の根拠に据えるようにして行政主導で進められてきた。

母性的養育の剝奪論／愛着理論の政治性と歴史性

母性的養育の剝奪論／愛着理論は、特に一九八〇年代以降の母性愛神話批判の文脈のなかで、また近代家族批判との交錯関係のなかで、それが「女性を家庭に縛り付ける理論」[6]であるとして、フェミニズムの視座から批判的に検討されてきた経緯がある。母性的養育の剝奪論／愛着理論は、日本の特に高度経済成長期の家族政策の変遷のなかで、社会的養護の場ならぬ「一般家庭」の母子関係を重要視する心理学理論として大きな影響力を有してきたが[7]、同批判は同理論が性的役割分業を固定化し、近代家族規範の再生産に寄与している点に対してなされた。

また、同理論が脱文化的に成立する「普遍的」な子どもの発達理論ではなく、欧米文化圏の育児規範の反映にすぎないことも、近年の子どもや家族をめぐる社会学研究のなかで指摘されている点である。例えば、イギリスの子ども社会学者であるマーティン・ウッドヘッドは、前述のボウルビィの愛着理論にみられる養育者と子ども間関係をめぐるモノトロピー（特定の一人もしくは限りなく少数の他者との近接関係）の想定が、脱地域的・脱文化的に見いだされる「普遍的」な関係図式ではなく、西欧文化圏に固有の養育者（特に母親）と子ども間関係が強く反映されたものであること、またそれが核家族のなかで子どもに対する母性的ケアが求められる社会でだけ適合的な関係図式にすぎないことを指摘している。(8)

また近年、日本でも「一般家庭」ならぬ社会的養護の場での愛着理論のあり方を批判的に捉える研究がなされてきている。(9)他方で、そうした母性的養育の剥奪論／愛着理論と社会的養護の場をめぐる言説とが取り結んだ歴史的関係性、とりわけ日本の社会的養護の変遷史のなかで、同概念の興隆・衰退の歴史を描き出す歴史社会学の視座からの作業は、筆者の研究を除けば多くおこなわれてきたわけではない。(10)また本章で扱う一九七〇年代から二〇〇〇年代の里親言説の変遷における前述の主題も、里親政策言説を追った貴田美鈴の論考を除けばその検討が十分なされてはこなかった。(11)

1　分析資料

以下では、一九七〇年代から二〇〇〇年代までの里親言説をたどり、①里親委託をめぐる実践の場で生産された言説の推移と②里親委託をめぐる専門家言説の推移の二つの局面から同主題を検討する。前者の分析に際しては、家庭養護促進協会大阪事務所が発刊した機関誌「ふれあい」（一九六九―七三年）、「育てる」（一九七三―七五年）、「なのか会だより」（一九七五―七六年）、「あたらしいふれあい」（一九七六―二〇二二年）を一次資料とし、後者の分析には、養子と里親を考える会が発行している機関誌「新しい家族――養子と里親制度の研究」（一九八二―二〇二二年）を用いる。

家庭養護促進協会は、一九六〇年に兵庫県神戸市で現在のファミリーホームにあたる家庭養護寮を開設し、翌年には同寮を大阪市にも開設するなど、戦後日本の家庭養護促進の草分け的組織であり、現在まで活発な実践活動を続けている。家庭養護促進協会の機関誌は、母性的養育の剝奪論／愛着理論と里親委託との関連に関する議論が前述の時期に、里親委託実践の場でどのように変遷したのかを検討する際に重要な一次資料になる。

また養子と里親を考える会は、一九八二年の結成当時から現在に至るまで、日本の養子と里親に関する先端の議論を積み重ねてきた組織であり、機関誌「新しい家族」は特に同時期の里親に関する専門家言説の変遷を検証する際に重要な一次資料である。

2　一九七〇年代から二〇〇〇年代の家庭養護促進協会の展開と母性的養育の剝奪論／愛着理論

設立当初の母性的養育の剝奪論／愛着理論への言及

まず、家庭養護促進協会の機関誌の分析から、同時期の里親委託の実践に関する先駆的な議論の変遷のあり方をみていきたい。同協会の機関誌は一九六九年から発刊されているが、里親委託と母性的養育の剝奪論に言及した論考が発刊当初にわずかながら存在する。七一年当時、大阪市住吉区にあった家庭養護寮の運営にあたっていた岡本栄一は、「家庭に優るものはない」と題された連載のなかで、自らが家庭養護寮（ファミリーホーム）を開設したころ（一九六一年四月）のことを回顧しつつ、その経緯を施設児童の母性的養育の剝奪論とホスピタリズム（施設病）をめぐる議論と結び付けながら以下のように述べる。

児童保護事業に於ける戦後の動向の中で、特に注目に価するものは、児童の長期間にわたる集団保護への反省であろうと思われる。これはホスピタリズム（施設病）の研究として社会事業研究所が中心となり大きな業績を残したことは周知のことである。（略）これらの研究や反省の中から、児童の家庭的処遇化と里親保護への新たな認識が要請され、従って、児童の要保護性に対応した、適切なる分類収容の必要が叫ばれたのであった。[12]

岡本は、自らが運営する家庭養護寮の設立が、家庭養護促進協会大阪支部が開始した家庭養護寮事業の一例目だったこと、またそうした家庭養護促進協会発足時に、施設養護批判と家庭養護（里親委託）優先に関する議論が闘わされたこと、その際に立脚点になったのが、施設養護での母性的養育の剝奪論やホスピタリズム（施設病）への批判だったと述べている。

この岡本の言及にもあるように、家庭養護促進協会の設立当時の理念には、一九五〇年代の施設養護の場で闘わされた母性的養育の剝奪をめぐる議論やホスピタリズム（施設病）への批判が反映されていた。[13] その理念は七一年時点では、設立当初を振り返る文脈のなかで回顧的に言及されている。

他方で、この一九七一年の岡本による言及を最後に、家庭養護促進協会の機関誌からは母性的養育の剝奪論や愛着理論をめぐる主題が消失する。

次に、家庭養護促進協会でのパーマネンシー保障をめぐる議論の変遷と同理論との結び付き方の系譜についてみていきたい。

パーマネンシー保障への転換のなかでの母性的養育の剝奪論／愛着理論への言及の不在

パーマネンシー保障は永続的解決とも呼ばれ、子どもが複数の里親などの養育者に委託されることなく、同一の養育者から子どものニーズに合った一貫した処遇を養育者との心理的なつながりのもとに受けることを指し、多くは特別養子縁組による戸籍上の実親子関係の成立をその要件とする。パーマネンシー保障は、一九七〇年代アメリカでの児童虐待の問題構築の進展と被虐待児の保護に際して言及されはじめた主題であり、多くの場合その理論的背景として言及されるのが母性的養育の剝奪論／愛着理論である。またこのパーマネンシー保障は、前述した『新しい社会的養育ビジョン』での提言などにみられるように、日本では特に二〇一〇年代以降その促進が政策課題に挙がっていくことになる。この社会的養護でのパーマネンシー保障を、一九七〇年代半ばから先駆的におこなってきたのが家庭養護促進協会だった。

同事務所で長年子どもの里親探しに携わってきた岩崎美枝子は、一九八五年に出された「里親開拓のジレンマ――パーマネンスを保証するために」と題する論考のなかで、「里親開拓に積極的に取り組んできた結果辿り着いた結論は、子どもにパーマネンス（永久的な人間関係）をどのように保証するかということだった」[14]と、六一年から続けてきた同会の里親開拓活動で行き着いた結論が子どもの養子縁組によるパーマネンシー保障だったことを述べている。このようにして、設立当初は養子縁組を前提としない養育里親の開拓に力点があった家庭養護促進協会の活動は、その軸足を養子縁組目的での里親委託へと移動させていくことになった。

表1は、「愛の手運動」と呼ばれる子どもの里親探し運動で、家庭養護促進協会大阪事務所が受けた里親希望者数を「養育里親」と「養子縁組里親」それぞれに分けて表示したものである。当初、養子縁組里親希望者に比して圧倒的に多かった養育里親希望者は、一九七一―七二年を境にその割合を減少させ、七五年にはその数が逆転する。岩崎は、「当初いわゆる養育里親の開拓を目ざし

表1　家庭養護促進協会大阪事務所への申し込み者件数

年度	養育里親探し（件）	養子縁組里親探し（件）
1964	40	7
1965	46	7
1966	42	9
1967	41	8
1968	34	18
1969	41	13
1970	45	11
1971	39	14
1972	29	21
1973	33	20
1974	32	26
1975	23	30
1976	21	34
1977	18	36
1978	14	34
1979	20	32
1980	17	36
1981	12	44
1982	21	34
合計	568	434

（出典：岩崎美枝子「里親開拓運動からみた養子制度——20年の歴史を振り返って」、養子と里親を考える会編「新しい家族——養子と里親制度の研究」第4号、養子と里親を考える会、1984年、57ページ）

て[15]」きた里親探し運動が、この時期を経過し、養育里親を探すよりも「養子里親を探す傾向を非常に強めて[16]」きたことに言及しながら、以下のように述べる。

　私たちも四六、七年を境に親に引き取られる見通しがなく、長期間施設に滞在していた子どもたちに新しい恒久的な親子関係を形成し、出来うるだけ安定した将来的な保障をすること、つまり養子縁組里親を探すことの方がより子どもの福祉を守るのではないかという考え方をこの辺で深めてゆくわけでございます[17]。

　このような経緯を踏まえながら、家庭養護促進協会は日本の社会的養護でのパーマネンシー保障の草分け的存在になっていくが、ここで重要なのは、家庭養護推進協会が前述のような経緯をたどった一九七〇年代前半から八〇年代にかけて、同協会の議論のなかで母性的養育の剥奪論や愛着理論への言及が皆無だという点である。

　このパーマネンシー保障は、少なくとも二〇〇〇年代以降の日本の社会的養護をめぐる議論のなかでは、愛着理論と切っても切り離せない密接な関係性を取り結んでいて、養育者と子どもとの適切な愛着形成を促すためにも何よりパーマネンシー保障が必要である、とする論理でその意義が語られることが多い。他方で、この一九七〇―八〇年代の家庭養護促進協会の機関誌のなかでは、同機関が日本の社会的養護の場できわめて先駆的に子どものパーマネンシー保障に関する取り組みを開始していたにもかかわらず、母性的養育の剥奪論や愛着理論に関して言及されることはなかった。

一九九〇年代後半の母性的養育の剥奪論／愛着理論への言及の再開

一九七一年に設立当初を回顧するくだりで言及されたのを最後に言及されなくなった母性的養育の剥奪論／愛着理論に関する主題が、家庭養護促進協会の機関誌のなかで再び語られはじめるのは九七年を待たなければならない。そこには二十六年もの長期にわたる同主題に関する言及不在の時期があった。次に、家庭養護促進協会の機関誌のなかで母性的養育の剥奪論／愛着理論に関する主題が再度登場する九〇年代後半以降の同主題の登場の仕方についてみていきたい。

同機関誌では、一九九五年以降「キイワードで綴る愛の手運動三〇年」と題して毎回特定のキーワードで同協会の活動を振り返る特集記事が掲載されているが、この特集の二十七回目にあたる「あたらしいふれあい」第二百六十三号（一九九七年十一月号）に「愛着関係」と題して掲載された記事が、長い言及不在期間のあとに出された母性的養育の剥奪論／愛着理論に関する最初のものだった。そこでは社会的養護でのパーマネンシー保障に言及しながら、親子間の愛着形成という主題について以下のように述べられている。

特に、子どもの年齢が小さい程、この「特定の大人」との個別な人間関係が用意されることが、子どもにとってとても大事なことだと考えられている。それは、その人との間に「愛着関係」が形成されることが、基本的な人への信頼関係につながるからである。愛着が形成されるのは二歳までが基本だと言われている。それは、脳細胞の発達が二歳までに大勢が決まり、七五％のことを学ぶのだと、アメリカのデンバー郊外にあるエバーグリーン・アタッチメント（愛着）センターの治療者は説明している。(18)

社会的養護でのパーマネンシー保障と愛着形成の重要性に関する指摘とが接ぎ木されるとともに、子どもの愛着形成の重要性を脳科学の観点から説明するようにして主題が語られている。

また二〇〇〇年代に入ると特に愛着理論への言及頻度が上がるとともに、家庭養護促進協会が独自に実施した調査報告のなかでも、被験者である親が有する発達心理学上のアタッチメント・スタイルを実際に測り、その調査結果を報告するようになる。

父母のアタッチメント・スタイル（親密な異性との心理適応スタイル）が、安定しているか不安定かで、子への養育態度にどのような影響を与えるかについて調べました。Secure（安定したアタッチメント・スタイル）の父母は子に対して、高いケアを示し、fearful, preoccupied, dismissing（不安定なアタッチメント・スタイル）の父母は子に対して過干渉で、ケアが低くなる傾向があるようです。(19)

この親のアタッチメント・スタイルに関する議論は、アメリカの発達心理学者であるメアリー・メインが考案した成人アタッチメント・インタビューに端を発するもので、二〇〇〇年代に入ると愛着理論に関する専門の発達心理学上の研究動向を紹介するようにして誌面が構成されはじめる。

以上、里親委託の実践の場で編まれた言説の推移を確認するために、家庭養護推進協会の機関誌上で言及される母性的養育の剝奪論／愛着理論の主題化の時期とその内容をみてきた。またそこには、一九七一年を最後に同主題が言及されなくなり、母性的養育の剝奪論／愛着理論への言及が不在だった七〇―八〇年代を挟むようにして、九〇年代後半から同主題が再び言及されるようになる変化が見て取れた。

では、同時期の里親委託に関する専門家言説はどのような推移をたどったのか。次に、同時期の養子と里親を考える会の機関誌「新しい家族」での母性的養育の剝奪論／愛着理論の語られ方について分析していきたい。

3 「新しい家族」（養子と里親を考える会）での議論の変遷

里親委託優先の原則の提示と母性的養育の剝奪論／愛着理論への言及の不在

養子と里親を考える会は一九八二年に発足し、同会は現在に至るまで同主題に関する先駆的な専門家言説生産の場でありつづけている。八〇年代の機関誌「新しい家族」での主題は、特別養子縁組制度の制定や国際会議の報告、パーマネンシー保障など多岐にわたるが、家庭養護促進協会の機関誌で同時期に母性的養育の剝奪論／愛着理論への言及が皆無だったのと同様に、同機関誌でもこの時期に同主題に関する議論がなされた形跡は見当たらない。この「新しい家族」の創刊号は、七八年十二月にスイスのジュネーブでおこなわれた「養子と里親制度に関する専門家会議」に関する紹介から開始され、その冒頭では同会編集部によって以下の文言が付されている。

> 養子と里親制度を通じて家庭に恵まれない子どもに恒久的な親や家庭を与えようとする児童福祉が、今日では海外の多くの国々で着々と整備され定着しています。（略）日本では豊かな社会といわれるようになりましたが、家庭や親のない子どもに、彼らの養育に真に必要とされる健全な家庭環境を与える、国内活動や国際的活動が大変遅れています。国内においては、孤児や捨て子や生みの親が養育できない子どもを保護し、実親に代わる養親や里親を与えることが困難です。現在、東京都では社会的養護の必要な子の九割強が施設養護にたよっているといわれています[20]。

そこでは、特に欧米諸国では施設養護に対する家庭養護優先の原則が定着し、多くの要保護児童が施設ではなく里親に委託されている現実があるにもかかわらず、日本では九〇％以上の子どもが施設に措置されているとして、日本の社会的養護の「後進性」を指摘するようにして議論が開始されている。他方で、現在であれば家庭養護優先の原則を唱える際には、幼少期の子どもの愛着形成の必要性がその根拠として語られることが多いが、同議論が展開された一九八二年当時にあっては、子どもの愛着形成に関する母性的養育の剝奪論／愛着理論に関する主題は不在のまま議論が進行していくという特徴がそこにはみられる。

その後、この「新しい家族」では、養子や里親の国際的な潮流を踏まえながら家庭養護優先の原則を説く論考が複数回掲載[21]されるが、そのなかでも母性的養育の剝奪論や愛着理論に関する議論が闘わされた形跡はみられない。

こうした母性的養育の剝奪論／愛着理論に関する議論の不在は、一九八〇年代の同機関誌での養子と里親に関連する子どもの発達理論の紹介のあり方でも見いだされる。例えば、浜田華子は「新しい家族」第八号に「児童の人格発達と家庭環境[22]」と題された論考を寄稿しているが、同論考が組み立てられる際に背景になっている理論は、ジグムント・フロイトやドナルド・ウィニコットによるものであり、養子や里子に関する「子どもの人格発達と家庭環境」に関して論が展開されているにもかかわらず、ジョン・ボウルビィやアンナ・フロイト、メアリー・エインズワースやメアリー・メインら、愛着理論の主導者たちの議論がそこで取り上げられることはなかった。

以上、一九八〇年代の養子と里親を考える会の機関誌で交わされた議論のなかでは、施設養護に対する家庭養護優先の原則を唱える際にも、また養子や里子をめぐる主題を発達心理学の視座から語る際にも、母性的養育の剝奪論／愛着理論に関する主題が語られることは皆無だったことを確認してきた。同機関誌での家庭養護をめぐる議論のなかで、母性的養育の剝奪論／愛着理論に関する主題が語られはじめるのは九〇年代初頭を待たなければならない。

一九九〇年代以降の愛着理論への言及の増加

一九九〇年代に入ると、養子と里親を考える会の議論のなかで、母性的養育の剝奪論／愛着理論に関連する主題が家庭養護促進の文脈と結び付くようにして徐々に語られはじめる。その口火を切ることになるのが、九一年五月に東京聖テモテ教会でおこなわれた、第三十四回養子と里親を考える会での津崎哲雄の報告だった。「英国における児童福祉ソーシャルワーク」と題された報告のなかで津崎は、施設養護に対する里親委託優先の原則を主張するにあたって、その背景理論としてあるはずの母性的養育の剝奪論／愛着理論をめぐる議論が、「『新しい家族』のバックナンバーに全部目を通しましても、一番欠けている点ではないかと思った[23]」という認識から自らの論を開始している。津崎は、カーチス報告の公表（一九四六年）や児童法の制定（一九四八年）といった第二次世界大戦後のイギリスの里親改革と、そこで採られた家庭養護優先の原則に言及しながら、その背景にあったアンナ・フロイトやボウルビィらによる母性的養育の剝奪論を紹介している。またそのうえで津崎は、戦後の特に英語圏の国では、母性的養育の剝奪論／愛着理論が社会的養護の場での最も重要な理論としての位置づけを獲得していることにふれ、以下のように述べている。

そういうような人達［アンナ・フロイトやジョン・ボウルビィ］が、要するに、子どもたちが、特に乳幼児期は、母親もしくは母親の代わりをするような人物と個別的に生活するという条件が、ノーマルな特に情緒的な発達には不可欠であるということを発表して、それがほとんどの英語圏の国では児童の発達理論の基礎として受け入れられたわけです。[24]

以上のように語りながら、津崎は日本の里親委託率の低さを問題視するとともに、里親委託推進の鍵として地方自治体のソーシャルワークの重要性を述べる。

また津崎は、その三年後の一九九四年十一月の第四十八回養子と里親を考える会でも「児童養護と大人の既得権益」と題する報告をし、「里親委託もしくは養子縁組という家族的な託置 family placement が、なにゆえわが国では児童福祉の中で定着しなかったのか[25]」と問い、その理由に日本でのホスピタリズム研究成果や母性的養育の剥奪論研究の成果に対する無視があるとして、社会的養護の場での愛着関連理論の軽視を痛烈に批判している。

また、臨床心理学の立場から一九九〇年代以降養子と里親を考える会で母性的養育の剥奪論／愛着理論に関する主題に発言したのが庄司順一である。七九年から東京都立の乳児院である母子保健院で心理指導員を務めた庄司は、九三年七月におこなわれた第四十三回養子と里親を考える会で「乳児院における保育と子どもの発達」と題して報告し、養子や里親関係者に対して、施設養護での子どもの愛着形成をめぐる問題を以下のように紹介している。

〔「複数の保育者による非連続的な保育」に関して〕こういう複数の保育者、しかも比較的多数の保育者による非連続的な保育であるために、どうしても施設では、家庭における母親と子どものような緊密な結びつき、これをアタッチメントといいますが、これが形成されにくいのです。[26]

庄司は以上のように施設養護の課題を紹介するなかで母性的養育の剥奪論／愛着理論に関する主題に言及している。

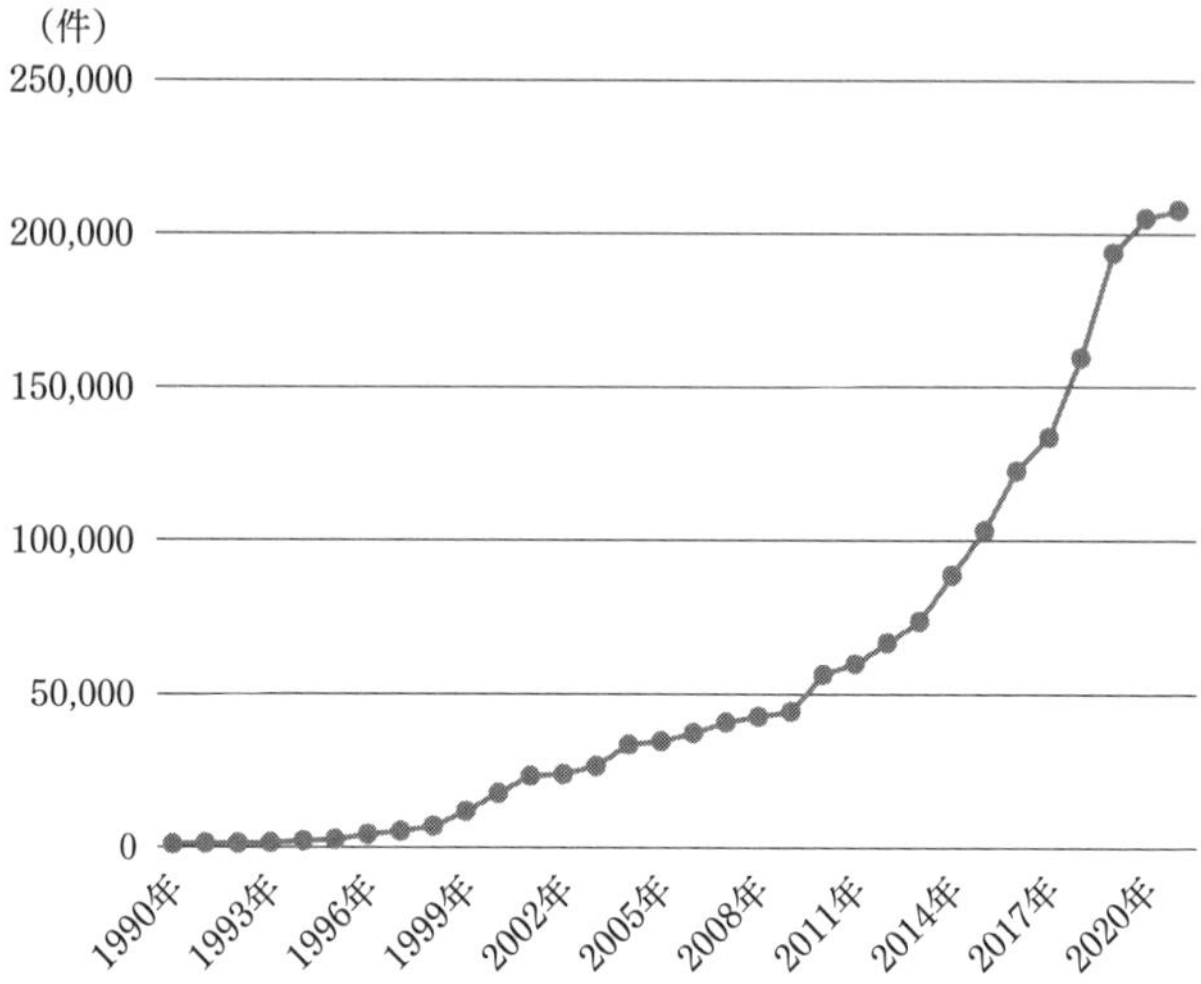

図2　児童相談所での児童虐待相談対応件数（1990－2020年）
（出典：各年「社会福祉行政業務報告」〔厚生労働省〕から筆者作成）

また庄司は、一九九五年から二〇〇〇年までの六年にわたって、「新しい家族」誌上で「親子関係の心理学」と題する連載[27]をしているが、そこで連載の主題になったのが、社会的養護の場での母性的養育の剝奪論／愛着理論をめぐる議論だった。全九回の連載のなかでは、各回でオールド・ホスピタリズム／ニュー・ホスピタリズム、ボウルビィの理論形成、アタッチメント形成、分離不安、里親（研修）でのアタッチメントを中心とする親と子の愛情による結び付きに関するレクチャー例、育児不安、三歳児神話、母性的養育の剝奪、それぞれの主題を扱い、母性的養育の剝奪論／愛着理論とその周辺の主題に関する紹介と解説をおこなった。また同連載のなかで特徴的なのは、こうした主題が児童虐待問題との並列関係下で論じられはじめた点である。

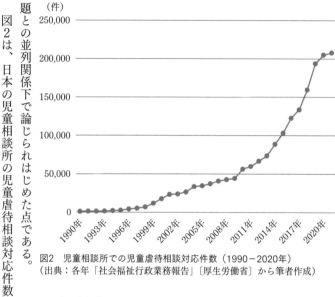

図2は、日本の児童相談所の児童虐待相談対応件数の推移を表したグラフだが、社会問題の社会

学研究で明らかにされているように、この児童虐待問題はアメリカでは一九六〇年代に、日本では九〇年代に組織的な介入が必要な社会問題として構築された[28]。またこの児童虐待問題は、この「新しい家族」誌のなかでも特に九〇年代半ば以降多くの特集[29]が組まれていき、同主題はこの時期以降、特に愛着理論との関連性のもとに論じられるようになっていく。

二〇〇〇年代初頭以降の愛着理論の流布と施設児童のスティグマ化

このように、母性的養育の剥奪論／愛着理論をめぐる議論は一九九〇年代初頭以降「新しい家族」誌内で徐々に開始されていくが、同主題に対する議論が頻繁に誌面上で闘わされるようになるのは二〇〇〇年代を待たなければならない。また、この〇〇年代以降の愛着理論の頻出化で特に影響力があったのがヘネシー澄子による各地での社会的養護関係者向けの講演内容だった。ヘネシーは〇二年二月に朝日生命成人病研究所でおこなわれた第七十七回養子と里親を考える会でも「愛着障害」と題した報告をしていて、親と子の愛着形成に関して、特に脳科学の視点から解説した。

表2は、ヘネシーが当日の研究会で配布した資料の一つだが、ヘネシーは同資料を使用しながら親と子の「愛着を深める行動」として「眼と眼を合わせる」「互いに微笑みあう」「抱く、抱擁する、抱き合う」などが求められるとして、愛着形成のあり方の基礎を説明する。またヘネシーは、このように愛着形成に関する実践を紹介しながら、近年のアメリカでは愛着障害が脳科学によって可視化されつつあることを指摘しながら、以下のように述べる。

アメリカでは今、脳の研究がものすごく進んでおります。いつか脳の研究と心理学が一緒になるのではないかとも言われています。（略）愛着障害についても、脳の研究からだんだんと分かってきたことがありまして、愛着障害は心的外傷後ストレス障害（PTSD）の進んだ形だということも、今言われ始めています。[30]

ヘネシーの議論に特徴的なのは、親と子どもの愛着形成の重要性が、施設児童のスティグマ化ともいうべき問題認識枠組みで唱えられたことである。そこでは施設児童の特徴が、「人間関係」「思考の過程」「行動パターン」「自我の育成度」の四項目に分けて説明され、例えば施設児童の「人間関係」は希薄であり、適度な距離の取り方ができない、「思考の過程」は短絡的であり、「プロセスを待つ事ができず結果だけを求める」傾向にあり「白か黒か（マルかバツか）の答えを求め、中間が分からない[31]」というようなことが示されている。

またヘネシーの議論は、幼少期の子どもの愛着形成に際する母親の役割、「特に複数の世話人がかかわったときに、なかなかアタッチメントが出来ない[32]」ことを強調して、前述の愛着理論上のモノトロピー（特定の一人もしくは限りなく少数の他者との近接関係）に関する前提をなぞるようにして

表2　愛着形成関連資料

愛着を深める行動
・眼と眼を合わせる
・互いに微笑みあう
・抱く、抱擁する、抱き合う。
・リズムをつけて、抱いたまま揺する。
・優しく、軽く体に触れる。
・背中など、優しく撫でる。
・静かに語りかける。
・注意するときは、優しく、だが、きっぱりと諭す。

（出典：ヘネシー澄子「愛着障害」、養子と里親を考える会編「新しい家族」第42号、養子と里親を考える会、2003年、9ページ）

なされた点もその特徴として挙げられる。

おわりに

本章では、母性的養育の剥奪論と愛着理論はどのような軌跡を経て、社会的養護の場のあり方を考察する際に、それへの言及が欠くことができない主題として浮上したのか、という問いを、歴史社会学の視座から、特に一九七〇—二〇〇〇年代の里親言説を追いかけるなかで明らかにしてきた。またその際に、本章では①家庭養護促進協会の機関誌の検討という、里親委託をめぐる実践の場で生産された言説の推移、および②養子と里親を考える会の機関誌の検討という、里親委託をめぐる専門家言説の推移、という二局面から同主題を明らかにしてきた。

一九七〇—八〇年代の施設養護／家庭養護での母性的養育の剥奪論／愛着理論

日本の里親をめぐる実践家言説と専門家言説の双方で特徴的なのは、一九七〇—八〇年代に母性的養育の剥奪論／愛着理論をめぐる議論が消失していった点に求められる。これは、戦後イギリスの社会的養護改革でカーチス報告や児童法の制定などのなかでボウルビィやアンナ・フロイトらの議論への言及がなされながら、施設養護に対する家庭養護優先の原則が貫かれていった国々とは対照をなしている。イギリスの社会的養護の展開が、母性的養育の剥奪論／愛着理論への言及を伴いながら家庭養護優先の原則に傾斜していったのに対し、同時期の日本の里親をめぐる言説での同理論への言及は、五〇年代に盛んにおこなわれたホスピタリズム（施設病）をめぐる議論以降、徐々に消失していった点にその特徴がある。

　他方で、日本の社会的養護の場でのパーマネンシー保障の実践自体は、特に家庭養護促進協会によって一九七〇年代からその草分け的活動が見いだされること、また同時期の実践家言説と専門家言説の双方で、施設養護に対する家庭養護優先の原則に関する言及が一定程度なされてきた経緯があること、にもかかわらず七〇―八〇年代の家庭養護に関する議論のなかには母性的養育の剝奪論／愛着理論に関する議論は皆無だということも本章の検討を通じて見いだされた知見である。近年の社会的養護の場の「家庭化」をめぐる議論のなかでは、幼少期の子どもの愛着形成上の課題がまずあって、その課題遂行のために家庭養護優先の原則やパーマネンシー保障が必要とされる、という論理で問題が構成されるが、里親委託をめぐる議論の歴史的変遷をひもとけば、主題としては家庭養護優先の原則やパーマネンシー保障をめぐる議論のほうが時期的には先行していて、母性的養育の剝奪論／愛着理論をめぐる主題は時期的にいわば後付け的に出てきた「子どもの発達」をめぐる問題認識枠組みだったことがわかる。

一九九〇―二〇〇〇年代の愛着理論の再構築

　日本の社会的養護の場では、愛着理論をめぐる議論は、実践家言説、専門家言説ともに一九九〇年代から徐々になされはじめ、二〇〇〇年代初頭以降多くの議論が闘わされることになる。その限りで、日本の社会的養護の場での愛着理論は、この時期以降社会的に再浮上・再構築されていくことになるが、そこには以下のような特徴がみられた。

まず第一に、同時期の愛着理論をめぐる議論の再浮上・再構築が、それ以前の日本の施設養護をめぐる文脈を等閑視するものとして、また欧米での議論を脱文脈的に直輸入するようにしてなされた点が挙げられる。このことは、例えば一九九〇年代初頭という最初期に日本の社会的養護の場での母性的養育の剥奪論／愛着理論の不在を糾弾した津崎哲雄がイギリスの社会的養護研究者であり、また二〇〇〇年代初頭以降に愛着理論関連の数多くの講演をしたヘネシー澄子がアメリカで教育を受け同国で実践活動に携わってきた臨床ソーシャルワーカーだったことにも象徴される。

第二に、日本での一九九〇年代以降の愛着理論の再浮上・再構築が、同時期の日本の児童虐待問題の社会的構築に随伴するようなものとしてなされたことである。前述のように、児童虐待は日本では九〇年代以降に組織的な対処が必要な社会問題として構築されていくことになるが、同時期の愛着理論は、家庭内部での子どもの虐待やネグレクト問題が顕在化するなかで強調されていく文脈がそこにはある。

第三に、社会的養護の場での愛着理論に関する議論は一九九〇年代初頭から徐々に現れるものの、二〇〇〇年代以降の日本の社会的養護改革期に言及頻度が飛躍的に高まる点である。図3は戦後の里親委託件数の推移を示したものだが、戦後一九五八年をピークに停滞していた里親委託件数が、二〇〇〇年代初頭以降の日本の社会的養護改革のなかで一転して上昇に転じていることがわかる。

前述のとおり、この社会的養護改革が急速に進められている背景には、子どもの権利条約の批准

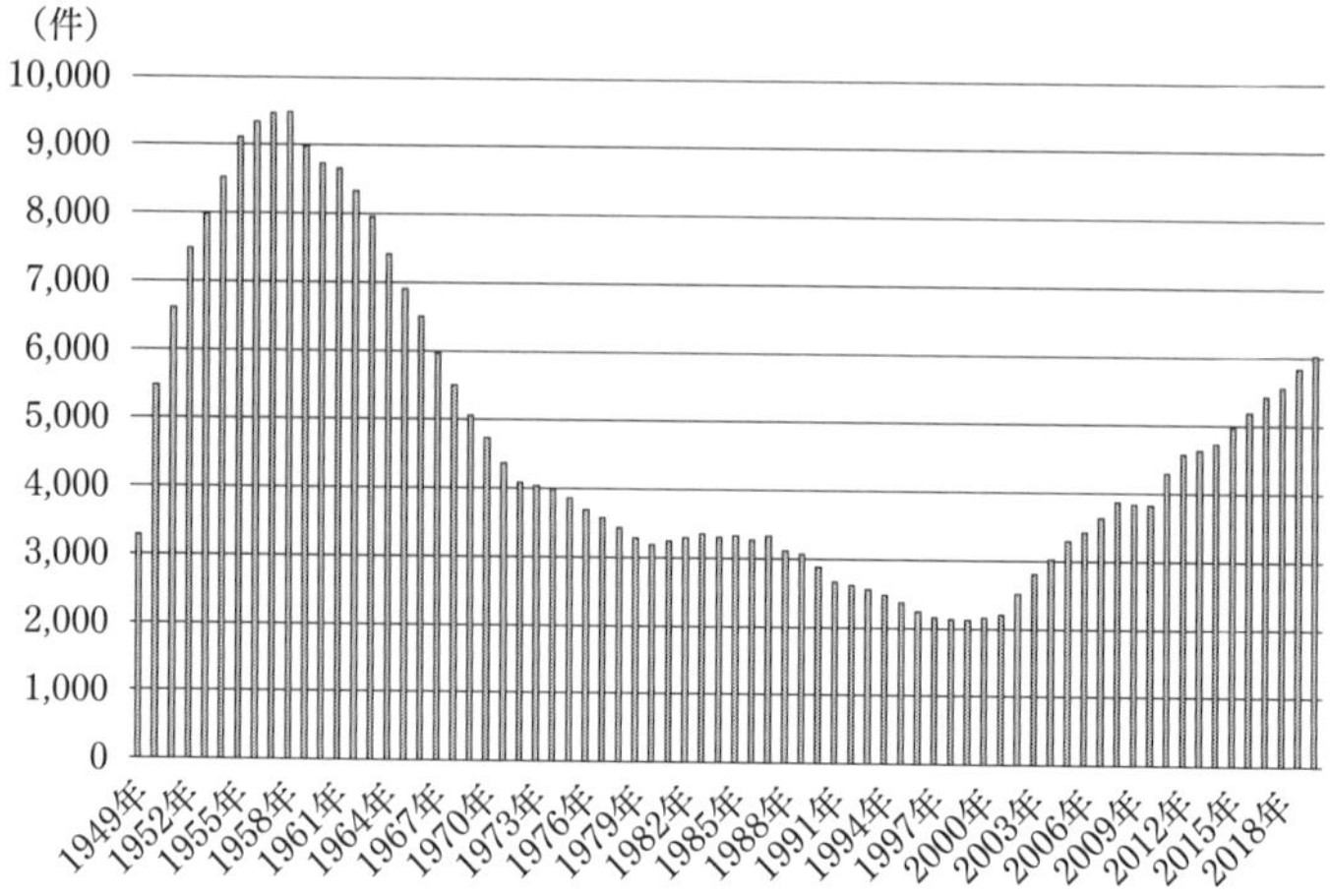

図3　戦後児童福祉法下での里親委託件数の推移（1949－2020年）
（出典：各年度末「福祉行政報告例」〔厚生労働省〕から筆者作成）

（一九九四年）と国連子どもの権利委員会から日本政府への三度の勧告（一九九八年、二〇〇一年、二〇一〇年）などの「外圧」があり、そうした「外圧」による社会的養護改革の時期と、愛着理論に対する言及頻度が飛躍的に高まった時期とが重なることも大きな論点である。

　里親制度の歴史研究者である貴田美鈴は政策側の議事録を分析するなかで、日本の二〇〇〇年代初頭以降の社会的養護改革に際して「政策側が向かおうとする方向に合致した理論として愛着〔愛着理論〕が用いられた[33]」ことを指摘しているが、この貴田の指摘と本章の知見を重ねてみれば、日本の社会的養護の場での〇〇年代以降の愛着理論の再浮上・再構築は以下のように特徴づけられるだろう。つまり、〇〇年代以降の社会的養護改革（里親優先の原則、パーマネンシー保障、施設の「家庭化」など）は、まず愛着理論とそれによる要請が時期的に先行して存在し、それに照らして子どもに必要不可欠なニードの充足や発達保障の観点から制度変革が求められたのではなく、子どもの権利条約の批准や国連勧告などの「外圧」の影響下で、施設の小規模化や里親優先の原則が政策課題に挙がるなかで、それを支持する基礎理論として同理論が後付け的に選択され言及される頻度が飛躍的に増えた、という時系列的順序の問題である。その限りで、社会的養護の場への愛着理論の導入は、社会的養護の場での子どもの愛着形成問題への要請から立ち上げられたものではなく、前述の「外圧」に沿うようにして国内の社会的養護形態を作りなおす際に（社会的養護の「家庭化」を促進する際に）適合的な理論として、いわばトップダウン的に選び取られた理論枠組みだった、ということができる。

第四に、この一九九〇―二〇〇〇年代は欧米の愛着理論研究では、従来の「階層的組織化モデル」にかえて、愛着対象者（父親、母親、祖父母、保育士、施設職員、里親、セラピストなど）が理論上、すべて等価に位置づけられる「統合的組織化モデル」や「独立的組織化モデル」が提唱された時期に該当する(34)が、一九九〇年代から二〇〇〇年代の日本の社会的養護での愛着理論をめぐる議論のなかで、そうしたモデルの可能性が検討された形跡はほとんど見当たらない。愛着理論での「統合的組織化モデル」や「独立的組織化モデル」の主導者であるキャロル・ハウズとスーザン・スピーカーは、従来の愛着理論の「階層的組織化モデル」で前提とされてきた、特定の一人ないし限りなく少数の養育者を前提とするモノトロピーを批判的に捉えながら、またアメリカ国内でも例えばアフリカ系アメリカ人による子育ての多くは母親だけによって担われるものではなく、血縁や地縁ネットワークによってその多くが担われていることを指摘しつつ、複数の愛着対象者が関わるネットワークから愛着理論を再構成する必要性を喚起している。[35]

愛着理論研究自体は一枚岩ではなく、様々な理論モデルが検討されているにもかかわらず、それを日本の社会的養護の場に移入する際にはモノトロピーを軸とした旧来型の「階層的組織化モデル」が推奨される機会が多く、同理論が社会的養護の場の「家庭化」を推し進める際の基礎理論としての位置づけを獲得してしまう傾向が強い点に、日本の社会的養護と愛着理論の関係性をめぐる問題の隘路があるように思われる。[36]

注

（1）この愛着理論関連の専門概念興隆の軌跡に関しては、土屋敦「社会的養護における「愛着障害」概念興隆の2つの山——1940年代後半～2000年代までの日本の施設養護論の系譜を中心に」（福祉社会学研究編集委員会編「福祉社会学研究」第十七号、福祉社会学会、二〇二〇年）を参照。

（2）社会問題の社会構築に関する議論は、マルコム・スペクター／ジョン・I・キッセ『社会問題の構築——ラベリング理論をこえて』（鮎川潤／森俊太／村上直之／中河伸俊訳、マルジュ社、一九九〇年）、上野加代子『児童虐待の社会学』（世界思想社、一九九六年）ほかを参照。

（3）新たな社会的養育の在り方に関する検討会『新しい社会的養育ビジョン』厚生労働省、二〇一七年、一——二ページ

（4）同資料四ページ

（5）施設の「家庭化」をめぐる議論に関しては、藤間公太『代替養育の社会学——施設養護から〈脱家

族化〉を問う』（晃洋書房、二〇一七年）に詳しい。

（6）母性愛批判から愛着理論を批判した代表的な研究には、大日向雅美『母性の研究——その形成と変容の過程：伝統的母性観への反証』（川島書店、一九八八年）ほかがある。

（7）日本の高度経済成長期の家族政策形成での愛着理論の影響に関しては、小沢牧子「母子関係心理学の再検討——母性中心主義との結合をめぐって」（「和光大学人文学部紀要」第二十一号、和光大学人文学部、一九八六年）、土屋敦「孤児の公的救済におけるフロイト主義の関与——戦時期から一九六〇年代における欧米学説の日本への移入過程を中心に」（土屋敦／野々村淑子編著『孤児と救済のエポック——十六〜二〇世紀にみる子ども・家族規範の多層性』所収、勁草書房、二〇一九年、三〇九—三五二ページ）などに詳しい。

（8）Martin Woodhead, "Psychology and the cultural construction of children's needs," in Allison James and Alan Prout eds., *Constructing and Reconstructing Childhood : Contemporary issues in the sociological study of childhood*, Routledge, 2015.

（9）社会的養護での愛着理論批判に関する代表的な研究として、和泉広恵「「家族」のリスクと里親養育——「普通の家庭」というフィクション」（野辺陽子／松木洋人／日比野由利／和泉広恵／土屋敦『〈ハイブリッドな親子〉の社会学——血縁・家族へのこだわりを解きほぐす』所収、青弓社、二〇一六年）などが挙げられる。

（10）土屋敦『はじき出された子どもたち——社会的養護児童と「家庭」概念の歴史社会学』（勁草書房、二〇一四年）、前掲「孤児の公的救済におけるフロイト主義の関与」ほか。

（11）貴田美鈴『里親制度の史的展開と課題——社会的養護における位置づけと養育実態』勁草書房、二〇一九年

(12) 岡本栄一「家庭に優るものはない」、家庭養護促進協会大阪支部編「ふれあい」第十三号、家庭養護促進協会大阪支部、一九七一年、三―四ページ
(13) 家庭養護促進協会の設立当時の愛着理論に関する言及に関しては、小笠原平八郎『里親保護――その研究と実践』(川島書店、一九六七年)を参照。
(14) 岩崎美枝子「里親開拓のジレンマ――パーマネンスを保証するために」、養子と里親を考える会編「新しい家族――養子と里親制度の研究」第七号、養子と里親を考える会、一九八五年、三七ページ
(15) 岩崎美枝子「里親開拓運動からみた養子制度――二十年の歴史を振り返って」、養子と里親を考える会編「新しい家族――養子と里親制度の研究」第四号、養子と里親を考える会、一九八四年、五六ページ
(16) 同論文五七ページ
(17) 同論文五八―五九ページ
(18) 家庭養護促進協会「キイワードで綴る愛の手運動三〇年㉗「愛着関係」」「あたらしいふれあい」第二百六十三号、家庭養護促進協会大阪事務所、一九九七年、四ページ
(19) 家庭養護促進協会「調査報告④――親のパーソナリティについて・後」「あたらしいふれあい」第三百二十号、家庭養護促進協会大阪事務所、二〇〇二年、二ページ
(20) 養子と里親を考える会編集部「一九七八年「養子と里親制度に関する専門家会議」国連報告書 解説」、養子と里親を考える会編「新しい家族――養子と里親制度の研究」第一号、養子と里親を考える会、一九八二年、二ページ
(21) 例えば、伊東よね「第二三回ICSWの養子問題専門領域会議を主催して 児童福祉・養護問題として国際的に関心の高い養子縁組」(養子と里親を考える会編「新しい家族――養子と里親制度の研

究」第十一号、養子と里親を考える会、一九八七年）、渥美節夫「欧米の里親制度から学ぶこと——施設養護から里親養護へ世界の潮流を見る」（養子と里親を考える会編「新しい家族——養子と里親制度の研究」第十三号、養子と里親を考える会、一九八八年）など。

(22) 浜田華子「児童の人格発達と家庭環境——自我の発達障害とその回復」、養子と里親を考える会編「新しい家族——養子と里親制度の研究」第八号、養子と里親を考える会、一九八六年

(23) 津崎哲雄「英国における児童福祉ソーシャルワーク——里親委託をめぐって」、養子と里親を考える会編「新しい家族——養子と里親制度の研究」第十九号、養子と里親を考える会、一九九一年、二ページ

(24) 同論文四ページ

(25) 津崎哲雄「児童養護と大人の既得権益——里親託置不振と施設偏重の背景を考える」、養子と里親を考える会編「新しい家族——養子と里親制度の研究」第二十七号、養子と里親を考える会、一九九五年、二ページ

(26) 庄司順一「乳児院における保育と子どもの発達」、養子と里親を考える会編「新しい家族——養子と里親制度の研究」第二十四号、養子と里親を考える会、一九九四年、五六ページ

(27) 庄司順一「親子関係の心理学」、養子と里親を考える会編「新しい家族——養子と里親制度の研究」第二十七号—第三十六号、養子と里親を考える会、一九九五—二〇〇〇年

(28) 日本の児童虐待問題の社会的構築に関しては、前掲『児童虐待の社会学』などに詳しい。

(29) 例えば、吉田恒雄「虐待家族に対する福祉的援助と法的介入」（養子と里親を考える会編「新しい家族——養子と里親制度の研究」第二十八号、養子と里親を考える会、一九九六年）など。

(30) ヘネシー澄子「愛着障害」、養子と里親を考える会編「新しい家族——養子と里親制度の研究」第

四十二号、養子と里親を考える会、二〇〇三年、二ページ

（31）同論文八ページ

（32）同論文一八ページ

（33）前掲『里親制度の史的展開と課題』一四四ページ

（34）愛着理論の「統合的組織化モデル」と「独立的組織化モデル」に関しては、Carolle Howes and Susan Spieker, “Attachment Relationships in the Context of Multiple Caregivers,” in Jude Cassidy and Phillip R. Shaver eds., *Handbook of Attachment: Theory, Research, and Clinical Applications*, Third edition, Guilford Press, 2016、久保田まり「アタッチメント研究の発展――発達臨床心理学的接近」（庄司順一／奥山眞紀子／久保田まり編著『アタッチメント――子ども虐待・トラウマ・対象喪失・社会的養護をめぐって』所収、明石書店、二〇〇八年、六五―九一ページ）などを参照。

（35）前掲“Attachment Relationships in the Context of Multiple Caregivers”を参照。

（36）なお、特に本章で扱ったあとの二〇一〇年代以降の里親言説は、必ずしもモノトロピーの推奨一辺倒ではないことにもふれておく必要がある。例えば、林浩康は里親養育では「一貫した養育者だけではなく、複数の担い手とのアタッチメント形成を視野に入れ、養育体制について検討すべき」（林浩康「これからの社会的養護と里親養育のあり方」、「里親と子ども」編集委員会編「里親と子ども」第十巻、明石書店、二〇一五年、九ページ）点を強調している。

［付記］本研究は、ＪＳＰＳ科学研究費20K025900、22K018470と関西大学若手研究者育成経費の助成を受けたものである。

第2章　社会的養護政策での「家庭的」の意味とその論理
――二〇〇〇年代以降の政策関連資料から

野崎祐人

はじめに

社会的養護政策での「家庭的」の規範性

本書の序章「「社会的養護の社会学」のインプリケーション」(藤間公太)でも整理されているように、二〇〇〇年代以降、日本の社会学では社会的養護研究が劇的な蓄積をみている。そのなかで、近・現代の社会的養護の一つのキーワードとして特に家族社会学者によって注目されているのが「家庭的」という言葉である。「家庭的」は、社会的養護の場で子どもの養育方法や養育の環境を一般家庭のそれに擬する際に用いられる語であり、社会的養護の望ましい姿を表す規範的概念として、近年の社会的養護政策を強く方向づけている。

二〇一六年五月二十七日、「児童福祉法等の一部を改正する法律」が成立し、児童福祉法が大幅に改正された。その第三条の二で「国及び地方公共団体は、児童が家庭において心身ともに健やかに養育されるよう、児童の保護者を支援しなければならない。ただし、児童及びその保護者の心身の状況、これらの者の置かれている環境その他の状況を勘案し、児童を家庭において養育することが困難であり又は適当でない場合にあつては児童が家庭における養育環境と同様の養育環境において継続的に養育されるよう、児童を家庭及び当該養育環境において養育することが適当でない場合にあつては児童ができる限り良好な家庭的環境において養育されるよう、必要な措置を講じなければならない」というように、「家庭における養育環境と同様」の「家庭的」な社会的養護のあり方が望ましいことが明記された。

これを受けて、「社会的養護の課題と将来像」(二〇一一年七月)を根本から見直すことを目的として、二〇一六年七月二十九日から一七年八月二日にかけて新たな社会的養育の在り方に関する検討会が開催された。検討会では児童福祉法第三条の二の「家庭における養育環境と同様の養育環境」や「できる限り良好な家庭的環境」といった文言の解釈が主要な論点の一つになって、検討会を通してとりまとめられた『新しい社会的養育ビジョン』では、「概ね五年以内に、現状の約二倍である年間千人以上の特別養子縁組成立を目指し、その後も増加を図っていく」「愛着形成に最も重要な時期である三歳未満については概ね五年以内に、それ以外の就学前の子どもについては概ね七年以内に里親委託率七五%以上を実現し、学童期以降は概ね十年以内を目途に里親委託率五〇%以上を実現する(平成二十七年度末の里親委託率(全年齢)一七・五%)[1]」といったように、より「家庭的」だとされる里親や特別養子縁組といった形態での社会的養護を促進するための具体的な数値目標が提示された。このように一〇年代中盤以降、法律レベルや政策言説レベルで望ましい社会的養護のあり方が示される際に、「家庭的」という言葉とともに「一般家庭に近いほうがよい」「家庭的であるほうが望ましい」という規範が強く参照されるようになっている。

「家庭」の歴史性・社会性

「家庭的」という語を使用しながら社会的養護のあり方を家庭に擬するこのような考え方が、近代日本の社会的養護の言説空間のなかで常に存在してきたことを教えてくれるのが、近代家族論などを踏まえながら家族に関する観念の歴史性を論じてきた社会史・歴史社会学研究である。岡山孤児院・上毛孤児院といった明治期・大正期の代表的児童施設を対象としたモノグラフが描いたのは、戦前期の施設現場の養育者たちが当時の都市新中間層のうちに普及しつつあった「家庭」規範を望ましい養育のあり方として参照していたことだった。[2] 一九五〇年代にフロイト派の児童精神医学の学説を背景に社会的養護を「家庭的」な場であるべきとする言説が強化されたのち、[3] 六〇―八〇年代にかけては「積極的養護理論」（石井哲夫）や「集団主義養護理論」（積惟勝）などの社会的養護の実践理論の登場によって「家庭的」な社会的養護のあり方は必ずしも自明なものと見なされなくなったが、九〇年代以降「家庭的」な養育環境を志向することに対する批判的視角は再び後退する。[4]

これら社会史・歴史社会学研究の成果によって、明治期から一九九〇年代に「家庭的」という語や社会的養護のあり方を家庭に擬するようなレトリックが、誰によってどのように用いられてきたのか／こなかったのかを追うことができる。一方で、こうした研究が対象とした時期以降、前述のように「家庭的」な養育環境をますます志向するようになった近年の社会的養護政策で、「家庭的」という語がどういった論理のもとでどのような意味で用いられているのかを、その意味づけのプロセスまで射程に入れて記述する作業はいまだなされていない[5]。里親や施設職員などの養育者たちが家族に関する語彙やレトリックをどのように使用しながら自らの実践や経験を意味づけているのかを経験的に記述する研究[6]が蓄積をみているなか、養育者たちの語りにみられる「家庭的」という語を含む家族に関する語彙の用法と政策レベルでのそれを比較する作業を可能にするためにも、また社会史・歴史社会学研究が対象にしてきた明治期から一九九〇年代の「その後」を知るためにも、現代の社会的養護政策での「家庭的」の意味とその論理を描く作業は必要だろう。

本章ではこうした問題意識のもとで、二〇〇〇年代以降の社会的養護政策で「家庭的」という語はどのような意味で使用されているのか、それはどのような論理で規範化されているのかを記述することを試みる。ただ、その際に「家庭的」概念を社会的養護の望ましいあり方を示したものとして用いることの是非を論じたり、同概念を規範化している論理が正しいか正しくないかを論じたりすることはない。「家庭的」であることの妥当性・有用性に関する規範的な議論をする以前に、政策議論という位相でそれはどのような論理のもとでどのような意味で用いられているのかを、研究者自身の立場・意見はカッコに入れたうえでただ記述し、その歴史性・社会性について検討する作業が必須だと考えるからである。こうした発想は、実態／実体としての家族ではなく家族に関する言説・理解の水準に焦点を当てる点で、一九七〇年代以降に社会問題の社会学の研究領域を中心に

表1　2000年代以降の社会的養護に関する政策文書と議事録（筆者作成）

- 2003年から04年におこなわれた社会保障審議会児童部会社会的養護のあり方に関する専門委員会（第1回—第9回、第7回、8回を除く）の議事録とその報告書
- 2007年におこなわれた今後目指すべき児童の社会的養護体制に関する構想検討会（第１回—第９回）議事録とそのとりまとめ
- 2007年から現在まで続く社会保障審議会児童部会社会的養護専門委員会（第１回—、第20回から「社会的養育専門委員会」に名称変更）の議事録とそのなかでとりまとめられた11年「社会的養護の課題と将来像」、12年「社会的養護施設運営指針及び里親ファミリーホーム養育指針について」、12年「児童養護施設等の小規模化及び家庭的養護の推進のために」
- 2011年におこなわれた児童養護施設等の社会的養護の課題に関する検討委員会の議事録（第1回—第4回）
- 2015年から16年におこなわれた新たな子ども家庭福祉のあり方に関する専門委員会、新たな児童虐待防止システム構築検討ワーキンググループ、新たな社会的養育システム構築検討ワーキンググループ議事録とその報告書（それぞれ第１回—第５回、第１回—第４回、第１回—第４回）
- 2016年から17年におこなわれた新たな社会的養育の在り方に関する検討会議事録（第１回—第16回）とそこでとりまとめられた『新しい社会的養育ビジョン』

広まった社会構築主義の発想を人々の日常的な実践の「方法」に照準するエスノメソドロジーの手法と結び付けながら家族に関する経験的研究に応用したジェイバー・グブリアムとジェイムズ・ホルスタインの研究[7]に端を発する構築主義的家族研究に学ぶものであり、また歴史的一時点としての二〇〇〇年代以降の家族に関する言説の歴史性を論じるという点で、家族・子どもの社会史・歴史社会学研究の系譜を意識するものでもある[8]。

以下、二〇〇〇年代以降の社会的養護政策での「家庭的」の意味とその論理を記述するために、制度が想定する「家庭的」概念の意味が端的に示された「政策文書」と、それが意味づけられていくプロセスが記録された審議会や検討会の「議事録」（表1）を用いながら、次の作業をおこなう。まず、政策文書と議事録を概観し〇〇年代以降「家庭的」はどのような論理の

もとでどのような意味で用いられているのかを整理する。この作業を通して、社会史・歴史社会学研究が対象とした時期に続く〇〇年代以降の社会的養護政策では「家庭的」という語がどのような意味内容をもっているのかを把握する（第1節）。さらに、「家庭的」という概念を用いる際の困難にも注目する。「家庭的」は必ずしも社会的養護政策のなかで常に唯一の規範的な概念として用いることが可能になっているわけではなく、ほかの規範的な概念との関係性のなかでその有用性が検討されたり、その意味内容をめぐって様々な議論がなされたりする。特に、一六年の改正で児童福祉法に明記された「家庭における養育環境と同様の養育環境」「できる限り良好な家庭的環境」という語の解釈が議題になった一六―一七年の新たな社会的養育の在り方に関する検討会で、現代では「家庭的」概念を用いる際にどのような困難があるのかを知ることができる場面が何度かあった。「家庭的」であることと社会的養護のもとにある子どもの特性に対処するために「専門的」であることとの関係性が問題になるとき（第2節）、「家庭的」の意味内容を説明するために一般的な「家庭」のあり方を参照しなければならないとき（第3節）という二つの局面に着目し、「家庭的」概念が用いられる際にどのような困難が生じているのかを検討する。以上を踏まえ、社会的養護での「家庭的」概念をめぐる社会史・歴史社会学研究や、聞き取り調査や参与観察に基づいて養育者による「家庭的」概念を経験的に記述する研究にとっての参照先になるべき、現代の社会的養護政策での「家庭的」の意味とその論理の特徴について述べる（「おわりに」）。

1　「家庭的」の意味とその論理

子どもが育つ環境の形態的特徴に関する「家庭的」

まず、先に示した二〇〇〇年代以降の政策文書と議事録すべてに目を通し、社会的養護の制度で「家庭的」がどんな意味をもっているかを整理した。その結果、「家庭的」の意味内容として、①養育形態が小規模であること、②地域に開かれていること、③養育者による個別的なケアが保証されていること、④養育者との関係が継続すること、⑤養育者との間に愛着が形成されること、⑥一般家庭と同じような生活の様子がみられること、という六つを見いだすことができた。以下にみていくようにそれぞれの意味には、家庭の一般的特徴と施設の性質を対比したうえで、後者に対して前者が子どもの育ちや将来にとって望ましいものであることを説明することによって、規範性・有用性が付与される。

まず、最も頻繁に「家庭的」であることを意味づけているのは、①の養育形態の小規模性である。政策文書では「な形態」「な設備」「ユニット」といった言葉とよく結び付いていることからもうかがえるように、「家庭的」はまず第一に望ましい養育形態、つまり子どもの人数が少なく、建物の規模が小さくて一般的な家庭のそれに近いという状態を意味している。その際、「本当はできる限り家庭に近いとなったら、今、六人の子どもがいる家庭はほとんどないのですけれども、今までの

表2　政策文書での「家庭的」の用例（筆者作成）

2003年　社会保障審議会児童部会　「社会的養護のあり方に関する専門委員会」報告書

●児童福祉施設における養護の中長期的なあり方としては、まず「1．社会的養護のあり方」を踏まえ、子どもの視点に立って、大規模な集団生活ではなく、より**家庭的**な生活の中での個別的なケアの提供を基本とした上で、各施設の本体施設を治療機能等を有する基幹施設と位置付け、高度な支援が必要な子どもへの対応が可能な専門職員を配置する方向を目指すべきである。（中略）
●画一的でなく、細やかなケアの下で穏やかな生活が可能な完結型の**家庭的**ユニットを実現していくとの考え方に基づき、生活の単位を小さくしていくことが適当であるが、その際、単に規模を小さくすればよいというものではない。このため、過去の実践の検証も十分に行いつつ、児童福祉施設におけるケア形態の小規模化を進めていくことが必要である。

2011年7月　厚労省「社会的養護の課題と将来像」
・上記の子どもの養育の特質にかんがみれば、社会的養護は、できる限り**家庭的**な養育環境の中で、特定の大人との継続的で安定した愛着関係の下で、行われる必要がある。

④小規模ケア、グループホーム、ファミリーホームの組み合わせ活用
・小規模グループケアは、1グループの児童定員が6人～8人で、これを生活単位（ユニット）とするもので、1人部屋又は2人部屋の居室と、居間、キッチン、浴 室、洗濯機、トイレなどの**家庭的**な設備を設けるとともに、グループ担当の職員を置く。本体施設内にいくつかのグループホームが集まって設けられる形態であり、**家庭的**な環境を作ることができる一方、個々のホームが孤立化せず、施設全体での 運営管理が行いやすいメリットがあるため、特別なケアが必要な子どもを入所させやすい。
・また、小規模グループケアは、職員間の連携がとれる範囲で、本体施設から離れた地域の民間住宅等を活用して、グループホームの形態で行うことも可能であり、さらに**家庭的**な形態である。
・地域小規模児童養護施設（グループホーム）は、1ホームの児童定員6人で、本体施設を離れて、普通の民間住宅等を活用して運営するもので、同様に**家庭的**な形態である。なお、措置費の仕組みとして、小規模グループケアはグループホーム形態の場合でも本体施設と一体の保護単価となるのに対し、地域小規模児童養護施設では区分して設定される。
・ファミリーホームは、1ホームの児童定員5～6人で、養育者の住居で行う里親型のグループホームである。交代勤務である地域小規模児童養護施設と異なり、養育者が固定していることから、子どもにとって、さらに**家庭的**な環境である。
・**家庭的**な養育環境として、本体施設内の小規模ケアよりグループホームが、グループホームよりファミリーホームの形態の方が、より**家庭的**な環境であり、推進していく対象となる。

ことを考えると六人ぐらいなのかなとは思いますが、いかがでしょうか」（第五回新たな社会的養育の在り方に関する検討会、二〇一六年、奥山眞紀子座長）というように、家庭の平均的な子どもの数に関する知識が参照される。

次に、②地域に開かれていることは、施設が家庭と違って閉鎖的になり地域から孤立しがちであることが問題視されながら、以下のように施設が地域とつながりをもつことに利点が見いだされることによって、規範性を付与される。(9)

地域の中に分散している、点在しているということが、やはり小規模化としてとても意味がありそれが本来の「良好な家庭的環境」ではないかと私は思っております。そうすると、例えば一〇〇人規模の大舎制施設を、その同じ土地の中で六人、八人の小規模グループケアをつくったところで、それは「良好な家庭的環境」と言えるのだろうか。その中で「小規模化の意義と課題」にあるような近隣とのコミュニケーションのとり方を学ぶことができるのだろうか。大人になったときに、インフォーマルサポートをうまく活用していくというスキルが当然必要になってくるわけなのですけれども、本当に学ぶことができるのだろうか、ということを考えると、その視点で、この「将来像」における本体施設のあり方というのを是非考えていければと思っています。

（第三回新たな社会的養育の在り方に関する検討会、二〇一六年、藤林武史構成員）

③④養育者―子ども関係の個別性や継続性は、「「育ちの連続性が保障されていない」ということも、普通の家庭だったら考えられないことで、養育者がコロコロ変わったら不安定になることは当たり前」（第一回児童養護施設等の社会的養護の課題に関する検討委員会、二〇一一年、渡井さゆり委員）というように、施設での集団生活や養育者の交代の弊害への言及がなされながらその重要性が確認される。なかでも、二〇一六年第五回新たな社会的養育の在り方に関する検討会のなかで山梨立正光生園理事長の加賀美尤祥構成員は、一九六〇年代から八〇年代にかけて影響力をもった、施設が家庭に対してもつ集団性を積極的に活用しようとするような「集団主義養護論」（第1節）を「芋洗い論」と揶揄しながら以下のように述べる。

芋洗い論は、まさに圧倒的な人手不足という条件の中であった児童養護施設で、その長い歴史の中で出てきた話であると私は理解しているのですが、そういう考え方でいくと、個別化ということをどれだけ担保できるかということになると、先ほど良好な家庭的環境というものが二四時間、子どもたちと一緒に暮らす人が存在するという意味をどこまで担保するか。（略）
そのときに、やはり人の数の問題も適切な数、個別化が図られる数というときに考えると、六人のところにどれだけの職員がいるかということをきちんと計算しないと、少なくとも一人で常に六人見なければいけないみたいなことが実際に起こって、そうすると個別化どころではない。やはり芋を洗うというのがまた継続されてしまう。
（第五回新たな社会的養育の在り方に関する検討会、二〇一六年、加賀美構成員）

さらに、④養育者と子ども関係の一貫性の重要性と強く結び付いているのが、⑤愛着の知識である。本書の第1章「母性的養育の剝奪論／愛着理論の再構築と里親委託――一九七〇―二〇〇〇年代の里親関連専門誌の分析から」（土屋敦）で詳述してあるように、発達心理学や児童精神医学に基礎をもつ、養育者―子ども間の愛着形成に関する専門知は、二〇〇〇年代以降社会的養護に対する影響力を劇的に（再）増大させている。[10]〇〇年代中盤の検討会でみられる「それから、愛着障害ということでいいますと、要は里親にはそれまでそういった知識はなかった。そういった愛着上の問題があって、この子どもは育てにくいのだということについての判断というのは、本当に近年、この二、三年ぐらいでしかないと思うのです」（第三回今後目指すべき児童の社会的養護体制に関する構想検討会、二〇〇七年、木ノ内博道理事）という発言からも、愛着に関する専門知が社会的養護の政策議論のなかで〇〇年代以降の新しい知識として捉えられていることがわかる。

具体的な生活場面のイメージを伴った「家庭的」

ここまでみてきたように、「家庭的」の意味内容のうち①から⑤については、それが建物の規模や子どもの人数、養育者が交代するか否かといった、子どもが育つ環境の形態的特徴やそれに起因するような養育の性質に関するものだった。そして、例えば二〇一一年の「社会的養護の課題と将来像」にみられるように、養育形態が「家庭的」であるかを基準に、家庭養護（里親）と施設養護（児童施設）間の、さらに家庭養護、施設養護内部の複数の形態間の序列がつけられ、「家庭的」であればあるほど望ましい形態であるとされていた（表2）。他方で、そのような「家庭的」概念の周辺を眺めて気づくのは、そこに具体的な生活場面のイメージを伴った「家庭」の姿が登場することはあまりないことである。この状況に対して、⑥一般家庭と同じような生活の様子がみられるかに着目すべきという、以下のような指摘もおこなわれる。

確かにおっしゃるとおりのところもありますが、小規模で何が達成できるのかと考えますと、例えば買い物とか地域活動とか、小規模であればできるのかということです。何を重視するべきかと考えると、家庭的というあいまいさはあるのですが、もう少し具体的に例えばお金を使うこととか、おかずを自分たちで選ぶこと、メニューを考えるとか、行事を考えることをもう少し書くなりする。そういう意味での家庭的といったようなことは小規模だけではなくて機能的に必要と思います。

（第八回今後目指すべき児童の社会的養護体制に関する構想検討会、二〇〇七年、松風勝代委員）

ここでは、形態面に関する「家庭的」の語りに対して、「お金を使うこととか、おかずを自分たちで選ぶこと、メニューを考えるとか、行事を考えること」といった生活のあり方に関する新たな「家庭的」の意味づけ方が提案されている。ここからうかがわれるのは、社会的養護政策の言説空間では、人数や建物の規模などの形態面に対して「家庭的」という語が用いられる場合と比較して具体的な家庭生活の場面が参照されながら「家庭的」が語られる場面はそう多くはない、ということである。発言者である松風委員が「そういう意味での家庭的といったようなこと」が「小規模だけではなくて」必要であるとしていることにも表れているように、検討会や専門委員会の様子を観察しても、人数や規模といった形態面に関する「家庭的」の用法と比べて生活場面に関する語彙によって意味づけられた「家庭的」の用法の登場頻度は少ない。

ここまで、現代の社会的養護政策のなかで「家庭的」がどのような意味で用いられているのかを概観してきた。次節以降は、このように「家庭的」を規範的概念として用いることが困難に直面するような二つの局面をみていきたい。

2　「家庭的」と「専門的」との境界

第1節では、二〇〇〇年代以降の社会的養護政策で「家庭的」という語がどのように使用されているのかを述べた。そこで確認できたのは、「家庭的」が主に養育環境・形態の点で「小規模な環境のもとで子どもと養育者間の関係性が一貫したものであること」を示す語として、規範性を帯びながら使用されていることだった。

一方で、「家庭的」であることだけが社会的養護の目指すべきあり方として語られているわけではない。社会的養護政策で、「家庭的であること」と並んで近年その重要性が強調されているのが「専門的であること」である。二〇〇七年にとりまとめられた「今後目指すべき児童の社会的養護

体制に関する構想検討会中間とりまとめ」に示された、

　また、社会的養護については、家庭的な環境で養育するのはもちろんのこと、近年増加している虐待（身体的虐待だけでなくネグレクトや性的虐待も含む）等による心理的・情緒的・行動的課題のある子どもに対する支援、疾患や障害のある子どもへの支援等の一定の専門性を必要とする支援が強く求められており、その対応すべき課題は多様化・複雑化していると言うことができる。[11]

という認識にも見て取ることができるように、一九九〇年代以降の「児童虐待」の社会問題化や「発達障害」と見なされる子どもの増加[12]を背景に、児童虐待によって傷ついた子どもの心を癒したり、発達障害をもつ子どもの行動に対処したりするといった意味での「専門性」を社会的養護の場がもつべきだとする言説もまた、二〇〇〇年代以降の政策を強く方向づけている。

　私的領域たる家庭での養育のあり方をモデルにしようとする「家庭的」概念と、社会福祉の一領域としての専門性を志向する「専門的」概念とは、一見相反するものにみえる。実際に、前述の「今後目指すべき児童の社会的養護体制に関する構想検討会中間とりまとめ」では「社会的養護」の二つの機能として「〈1〉子どもの育ちを保障するための養育機能、〈2〉適切な養育が提供されなかったこと等により、受けた傷を回復する心理的ケア等の機能」が挙げられたうえで、前者では「家庭的」な養育環境の中身について、後者では「専門的」なケアの中身について書かれている。

また検討会や専門委員会の議論のなかでも、

社会的養護が、いわば家庭的な養育が得られない子ども、あるいはそこで傷ついた子どもたちに対する社会が用意するシステムだということにすると、大きく二つの機能があって、一つは家庭的な養育を代替する機能、それからもう一つはそこで傷ついた親と子どもたちの心をケアしていく専門的な機能です。
（第六回今後目指すべき児童の社会的養護体制に関する構想検討会、二〇〇七年、柏女霊峰座長）

など、「家庭的」であることと「専門的」であることとの対比が前提とされているような発言がみられる。このように、社会的養護政策の言説空間で「家庭的」であることと「専門的」であることとは基本的には、目指すべき別々の二つの方向性として想定されていることがうかがえる。

しかし、検討会や専門委員会の様子をより子細に観察すると、両者の関係性はそれほど単純ではないことがわかる。児童福祉法第三条の二の「家庭における養育環境と同様の養育環境」「できる限り良好な家庭的環境」という文言の解釈、意味づけがおこなわれた（表3）、二〇一六年の第五回新たな社会的養育の在り方に関する検討会の一場面をみていきたい。

まず、救世軍世光寮の塩田規子副施設長が、改正児童福祉法第三条の二の解釈に関する案（表3）について「1．の「（2）社会的養護としての家庭同様の養育環境の機能」のところに、9、10のほかに「発達が促されて、生活課題の修復が意図的に行われる場」。それは正しいアセスメントがされたもとでということなのですけれども、必要ではないかなと思ったのです」と発言し、その理由について以下のように述べる。

やはり社会的養護の子どもたちは家族関係においていろいろな、さまざまな発達課題を抱えて社会的養護につながるので、そこをきちっと意図的に修復していくことが社会的養護として必要なのではないかという意図です。

（第五回新たな社会的養育の在り方に関する検討会、二〇一六年、塩田規子構成員）

類似の発言として、以下のようなものが続く。

やはりある程度、文言の整理をしたほうがいいかなと思うのは、さっき話題になっている「4共有される価値がある」という部分とか「8病んだ時の癒しの場」というのは何かトーンが違う感じがして、温泉の宣伝かみたいな、だから、これは一応、家族社会学では情緒的回復という言い方をしているのですけれども、情緒的な安定の回復とか、パーソンズの定義ですが、そういうふうになっているので、そういう言葉のほうがいいのかなとは思います。

それで、さっき言われていた社会的養護で、これは家族と同様の養育環境というものを、上の文脈で言えばそのものを使われているわけなので、だから、上記のことを前提にしながら社会的養護の養育環境としての特定的な機能とかという形にするのかなと思うので、修正をここ

表3　第5回新たな社会的養育の在り方に関する検討会で配布された改正児童福祉法第3条の2の解釈に関する案（奥山眞紀子座長提出）

1．「家庭における養育環境と同様の養育環境」
1）機能
（1）一般の家族の機能
①明確な境界があり安全が保たれる ②継続的で特定な人間関係によって「心の安全基地」として機能する ③生活の基盤（衣食住）④共有される価値がある ⑤発育の保障 ⑥心身の発達の保障 ⑦社会化の基盤、つまり社会に適応するための適切な教育がなされる場 ⑧病んだ時の癒しの場
（2）社会的養護としての家庭同様の養育環境の機能
⑨子どものトラウマ体験や分離・喪失体験からの回復の場 ⑩新たなアタッチメント対象としての関係性の構築
2）要件
①一貫かつ継続した、養育能力のある、密な関係性を形成して子育てできる特定の養育者の存在 ②境界が明確で子どもの安全が守られる場の存在 ③特定の養育者との生活基盤の共有 ④同居者との生活の共有、ただし、同居者は比較的固定されており、安定した同居者となっていることが必要 ⑤生活の柔軟性 有機的で臨機応変な変化のできる営み 例：子どもの病気に柔軟に対応できるなど ⑥子どものニーズに合った適切なケアを提供できる⑦社会的に受け入れられる価値を共有し、かつ子どもの自律や選択が尊重 ⑧地域社会に存在して、子どもも養育者も地域社会に参加している ⑨子どもの権利を守る場になっている
2．「家庭及び当該養育環境において養育することが適当でない場合」
①家庭環境では養育が困難となる問題を持つ子ども 例：それまでの育ちの中で他者への不信や家庭への怒りが強くて、一人の養育者が抱えきれず、子どもが他者や自分を傷つける危険がある場合。実親の攻撃が激しくて家庭では子どもを守り切れない危険性がある場合など。 ②子ども本人が家庭環境に抵抗感が強い場合 ③適当な「家庭環境と同様の養育環境」が提供できない場合（一時的）
3．「できる限り良好な家庭的環境」
1）機能
①子どもの利益を優先させた上で、できるだけ家庭と同様の機能を有する（子どもの利益のために、一部の機能が不完全になることはあり得る）②家庭と同様の養育環境では不利益が生じる子どもへのケアが可能であること ③そのケアが、子どもの逆境体験からの回復につながり、家庭と同様の養育環境での生活を可能にするものであること ④子どものニーズによって必要なケアがなされること 例：子どもの行動の枠組みの必要性など ⑤長期的なものではなく、ここからの自立は例外的
2）要件
①生活の単位は、原則として家庭に近い規模であること ⇒現状では、最大で地域小規模施設の子ども数と必要な養育者がいる規模 ②個々の子どものニーズに合ったケアの提供（集団生活ゆえの規則は存在しえない）③養育者は複数となってもそのケアの在り方は一貫している ④子どもの権利が保障されている ⑤そのケアによって家庭同様の養育環境での養育が可能になれば、家庭同様の養育環境に移行する

もかける必要があると思います。

（同検討会、西澤哲構成員）

「さまざまな発達課題を抱えて社会的養護につなが」った子どもたちのケアが「社会的養護として」求められるとした塩田構成員の意見や、タルコット・パーソンズの定義を引用しながら「情緒的な安定の回復」という言葉で社会的養護のもとにある子どもへのケアを説明したうえで、それを「社会的養護の養育環境としての特定的な機能」という部分に含めて整理する必要があるとした西澤構成員の意見は、改正児童福祉法第三条の二の文言を解釈する際に「一般の家庭の機能」と「プラス社会的養護の場としての養育という特性」（第五回新たな社会的養育の在り方に関する検討会、二〇一六年、山縣文治構成員）を区別したうえで、社会的養護の機能・要件を整理していく、という議論の文脈を踏まえている。そのうえで、「子どもの心を癒す」機能は「家庭的」では補いきれない、特定的・専門的なものとして位置づけられていることがわかる。ここでは、先にみたものと同様に、「家庭的」であることと「専門的」であることとは対置されている。

しかし一方で、「病んだ時の癒しの場」という文言を「一般の家庭の機能」ではなく「社会的養護の養育環境としての特定的な機能」として区別すべきであるとした西澤構成員の発言への対抗言説として、以下のような発言がなされる。

そうなのですけれども、家族機能というものをいろいろ読んでみると、病気のときに守られるとかということは非常に重要な機能になっているところもあったので、そこは入れておいたほうがいいのかなと思いました。

（同検討会、奥山座長）

さらに、以下のような発言が続く。

基本的に、やはり家族の中には治療的機能はあるので、そういうものは入れておいても私はいいかなと思いますし、あと、慰安的機能というところがきちっと読めるのか。あと、問題解決機能みたいなものについてはどこかに入れておいたほうがいいのかなと思いました。

（同検討会、相澤仁構成員）

こうした発言は、「病気のときに守られるとかということ」「治療的機能」「慰安的機能」などが家族のなかに本来的に含まれていることを根拠に、そうした機能を「一般の家庭の機能」であることに含めようとするものである。こうした発言から、多くの場合は「専門的」の意味内容として捉えられている事柄が「家庭的」のうちに含められることもあることを知ることができる。

以上で観察してきたのは、「病んだ時の癒しの場」「治療的機能」「慰安的機能」が一般的な家庭を参照した社会的養護のあり方のうちに含まれるものなのか、それとは区別された社会的養護としての「専門的」なあり方のうちに含まれるものなのかをめぐる議論、つまり「家庭的」と「専門的」の境界をめぐる言説の政治とも呼ぶべき状況だった。このように、社会的養護のもとにある子どもの特徴に対応するという意味での専門性を「家庭的」との関係性のなかにどう位置づけるか、社会的養護の規範的なあり方のそれぞれが「家庭的」と「専門的」のどちらに含まれるのかについての見解は一様でなく曖昧である。ここに、現代では「家庭的」は明確にその境界をもった、唯一の規範的概念として用いられうるわけではないことを見て取ることができる。

3 「家庭的」のなかの「家庭」の定義の困難さ

第2節では社会的養護のもとにある子ども特有の問題に対処するという意味での「専門的」であることと「家庭的」であることとの境界や関係性が曖昧であることをみてきたが、「家庭的」概念を使用することが困難に直面する場面がもう一つある。それは、「家庭的」の意味内容を説明しようとして、それを語るために参照する家族に関する学問的知識・日常的知識の多様性に出合うという事態である。第2節でもみたように、二〇一六年から一七年にかけておこなわれた新たな社会的養育の在り方に関する検討会は、一六年の改正によって児童福祉法に「家庭的」という文言が明記されたのち、その定義を明確にすることを目的の一つとして開催されたものだった。つまり、それまではほとんど説明項として規範的に用いられていた「家庭的」という語を被説明項とし、その意味内容を具体的に説明しなければならなかったのが、新たな社会的養育の在り方に関する検討会という場の特性であった。[13]引き続き、第五回新たな社会的養育の在り方に関する検討会の様子をみていきたい。

まず以下のように、「家庭における養育環境と同様の養育環境」「できる限り良好な家庭的環境」という文言の解釈をおこなう文脈で、その意味内容を専門的概念を参照しながら厳密に定義すべきであるとする発言が登場する。

ちょっといいですか。こんなところで原理主義者になる必要はないと思うのですけれども、ちゃんと家族社会学でいろいろ議論されてきて、タルコット・パーソンズの三原則とかバージェスの四原則などの家族の定義があって、それをベースにしたほうがやはりいいのではないか。何でもかんでも広がっていってというのは余りにも、いわゆるそういう学問領域からは批判の対象になるかもしれないなとは思います。

（第五回新たな社会的養育の在り方に関する検討会、二〇一六年、西澤構成員）

しかしこれに続いて即座に、以下のような対抗言説が現れる。

基本的に私自身としては、先ほど松本座長代理の言われたこととも関連してくるのですけれども、家族社会学で言われている、確かに機能論というものを踏まえて考える必要もあるかもしれないです。ただ、やはりそこを脱却して、今、機能論に対するアンチテーゼみたいなものが出てきているわけで、先ほど言われたあるべき家族論で、それを家族というものだけに限定せず、地域との関係とか、その他の機能を使いつつ回復していくとか、そういう考え方でもって考えるならば、要件というところに絞り込んで、そこを深めていく。

（同検討会、林浩康構成員）

この発言で林構成員は、家族社会学の「機能論に対するアンチテーゼ」という議論を参照しながら、「家族」「家庭」の機能の定義の困難性を根拠に、「家庭的」の意味を一義的に決めることの難しさに言及している。

先にパーソンズの機能論を引用しながら家族の機能を厳密に定義すべきだとした西澤構成員も、前述の林構成員の指摘を受けて意見をやや翻す。

今、古典的な立場から発言して林先生から批判されてしまいましたけれども、確かに機能論は多分、結構難しくて、家族の定義すら今はもうできない状況にはなってきているのですが、ただ、やはり現実を踏まえて考えると、ある程度のことは、養育機能に関して書いてもいいのかな。

だから、子どもの養育に関してもっとシンプルに、情緒的で特定的な人間関係とか生活の基盤であるとか、それで発育や発達の保障であるとか、情緒的な回復の場みたいな、その程度ぐらいだったら、これは大丈夫ですか。それぐらいシンプルにしておいたほうがいいかなとは思ったのです。

（同検討会、西澤構成員）

　このあと、「家庭的」の解釈を「もうちょっと絞り込んでシンプルにして、むしろ養育ということに、例えば養育機能とか、そこに絞って、どういうことが大事かというように一般的に書」（同検討会、松本伊智朗座長代理）いたり、「全体の家庭というものに対してのことはそういう、要件だけはきちんとしておいて機能と書いてあるところをもうちょっと漠とした文章で書」（同検討会、奥山座長）いたりするなど、「家庭的」であることの意味を厳密に決めることを忌避し、多義的な解釈が可能である状態にしておく方向へ議論は進んでいく[14]。

　この一連のやりとりで注目すべきは以下の二点である。

　第一に、「家庭的」の意味内容を説明しなければならない局面で提出された、その説明を学問言説を参照しながら厳密におこなわなければならないとする意見に対して、すぐさまその困難性を指摘する意見が立ち現れ、その意見が受け入れられた、つまり「家庭的」の意味を厳密に説明することは学問的にも困難であるという認識が共有されながら議論が進んでいったことである。「家庭的」の中身を語る文脈で現れたのは、むしろそれを容易に一般化して語ることができないことを裏付けるような学問的知見であった。

　また第二に、そこで参照されていた学問言説がほかでもなく社会学のものだったことである。社会史・歴史社会学の先行研究が教えてくれるのは、社会的養護のあり方を「家庭的」なものにすることについて議論がなされるときに参照されてきたのがもっぱら心理学や精神医学という領域での専門知であることだった。しかし、ここで言及されたのは社会学領域の知見、それも本章でも採用しているような、家族のあり方の歴史性・社会性を問うことでその自明性・普遍性を相対化しようとするような学問的な視角だった。さらにそれが、臨床心理学を専門とする西澤構成員と社会福祉学を専門とする林構成員という、必ずしも社会学を専門とするわけではない研究者によって、社会的養護政策の言説空間内で持ち出されたことは注目されていい。

このように「家庭的」であることの意味を決定する際の困難性の根拠として社会学での議論が参照される一方で、この検討会では「家庭的」をめぐる議論のなかで、特定の学問領域に由来することが明確に示されない、日常的知識に近いようなものとして家族の多様性や変容に言及する言説もしばしば現れた。

特に、家庭のあり方というのが多様化する中で、ごく当たり前の生活というものがこの里親・ファミリーホーム養育指針の中でも頻繁に使われているわけですが、何をもって当たり前の生活として捉えるのかというのは、ある程度養育観とか家族観の違いというところで認めていかざるを得ない面もあるのではないか。

（第四回新たな社会的養育の在り方に関する検討会、二〇一六年、林構成員）

ざくっと家庭という捉え方で、家庭そのものがなくなってしまったというか、明確な、健康的な家庭とは何かといっても、その規定そのものがなかなかしにくい状況にある中で、やはり家庭という言葉を中心にして今回の法律は明確に家庭のあり方も、求められる家庭のあり方を示さざるを得ないというイメージを私は持っているので、ましてや社会的養護のところで家庭的という言葉を使っている以上は、家庭的養育環境が何ぞやというのはやはり明確にしていかないといけないと私は思っています。

（第五回新たな社会的養育の在り方に関する検討会、二〇一六年、加賀美構成員）

このように、家庭の多様性に関する言説や家庭を一義的に定義することの困難さに関する言説が多くみられたのは、過去の委員会や検討会にはあまりみられない、新たな社会的養育の在り方に関する検討会特有の現象だった。「家庭的」を定義する必要に迫られたときに逆に顕在化したのは、その定義が困難な状況だったのである。

おわりに

本章では、現代の社会的養護政策では「家庭的」がどのような意味で用いられるのか、それが用いられる際にどのような困難が生じているのかを記述してきた。「家庭的」は基本的に、小規模・少人数で地域に開かれた養育環境で、個別的で一貫した関係性のもとで養育者—子ども間の愛着関係の形成を可能とするような、一般家庭のありように近似した養育形態を意味する語として、あるべき社会的養護の形態を示す規範的な語として用いられる（第1節）。一方で、近年の社会的養護で「家庭的」であることと同時にその重要性が強調されている「専門的であること」との境界をめぐって複数の言説が並立したり（第2節）、それが語られる際に家族の多様性に関する学問的知識・日常的知識が持ち出され「家庭的」であることの意味内容が一義的に説明されづらくなっていたりと（第3節）、「家庭的」を意味づけたり使用したりする際の困難を示すような状況も観察された。

以上のような状況は二〇〇〇年代以降の社会的養護政策の言説空間で観察されたものだが、これを社会的養護に関するより広い歴史的・社会的コンテクストに位置づけたとき、どのような通時的な変容や共時的な差異を見いだすことができるだろうか。冒頭で述べたように、本章のような作業の意義の一つは、「家庭的」概念や社会的養護のあり方を家庭に擬するようなレトリックの時代間比較や政策―実践間の比較を可能にし、その歴史性・社会性について考えることにつながることだった。以下、先に示した先行研究との比較対照の作業を二つ試み、「家庭的」概念の歴史性・社会性について考えてみたい。

一つ目は、通時的な変容についてである。第3節で、「家庭的」の意味内容について語るために参照する「一般家庭」のあり方が多様化することによって、「家庭的」が一義的に定義されづらくなる様子をみたが、同じように言説資源としての「（一般）家庭」が参照困難であることを語っていたのは、一九六〇年代から八〇年代に「家庭的」な社会的養護を志向する言説への対抗視角として存在した「集団主義養護理論」（積惟勝）や「積極的養護理論」（石井哲夫）という養護理論だった。[15]どちらも言説資源としての「（一般）家庭」の参照困難によって、「家庭的」を語らなく／語れなくなるという点で類似しているように思われるが、それぞれの言説空間で「（一般）家庭」の参照困難がどのようにして起こっていたのかを比較してみると、そこには差異があるように思われる。「集団主義養護理論」や「積極的養護理論」が語っていたのは、高度経済成長期以降養育環境としての「家庭」がもつ問題点が顕在化し、理想の養育環境として自明視されなくなったこと、つまり「家庭」の価値自体に対する疑問だった。他方で現代の政策議論の参加者たちがみていたのは、そもそも「家庭」なるもののあり方が千差万別だという「家族の多様化」の問題だった。前者は一部の児童施設関係者による実践理論の位相、後者は政策議論の位相と、やや異なる位相間の比較ではあるが、「家庭的」をめぐる言説状況については例えばこういった通時的変容をみることができる。

二つ目は共時的な差異、具体的には政策言説のレベルと里親家庭や児童施設といった養育現場のレベルの差異である。政策のレベルで「家庭的」は基本的には形態面に関して用いられる一方で、具体的な家庭生活のイメージとともに語られることは相対的に少ないという状況を第1節でみてきたが、里親家庭や児童施設でのインタビュー調査や参与観察に基づく経験的な研究が教えてくれるのは、里親や施設職員などの養育者が家族に関する言葉を用いながら自らの実践や経験について語るとき、具体的な家庭生活のイメージを参照することがどれほど多いかということである。[16]このように、政策のレベルと実践のレベルの双方での「家庭的」という語を含めた家族に関する語の使用方法を比較対照する作業も今後は求められるだろう。

最後に、本章の実践的・政策的インプリケーションについて述べたい。「はじめに」で示したように、本章は「家庭的」概念を望ましい社会的養護のあり方を示す語として用いることの是非を論じたり、どのような社会的養護のあり方が望ましいかについて規範的な議論をしたりすることを目的としたものではなかった。そうした規範的判断をあえてカッコに入れながら、現代の社会的養護政策での「家庭的」概念の様相を記述してきた。それでは、こうした作業、あるいはこのような態度は、政策や実践に携わる人々、そして社会的養護について考えようとする様々な人々に対して、どのような見方・考え方を提示できるだろうか。

その一つは、「家庭的」という概念がもつ多義性や歴史性、そして現代性に対して敏感になる機会を用意することができる、というものだろう。本章でみたのは、「社会的養護は家庭的であるべきである」という考え方がますます強固なものになっていく一方、いざ「家庭的」という概念を説明しようとするときには「専門的」などのほかの規範との間に境界線を引くことやその意味内容を一義的に決めることとの困難性に直面するという、「家庭的」概念の現代的なジレンマともいうべき状況だった。こうしたことを踏まえたうえで社会的養護に関する様々な議論を眺めなおせば、複数の言説間で「家庭的」の意味・用法にずれがみられたり、その意味内容を一義的に決めることの困難が生じていたりすることを発見できる機会も多くあるのではないだろうか。そのうえで望ましい社会的養護のあり方について議論する際には、「家庭的」という語をいったん脇に置いて、それが含意するより具体的な内容のそれぞれについて個別に考えるという態度もときには求められるだろう。「現代」は、社会的養護の歴史のなかで常に規範的に用いられてきた「家庭的」という概念の用法にそれまで以上に注意深くなることが、社会的養護について考えるすべての人に求められるような歴史的・社会的状況を有した時代であるといえるかもしれない。

このように、「家庭的」な社会的養護を考える際にその概念自体の用法に反省的になり現代に特徴的な「家庭的」概念をめぐる状況を把握することは、「家庭的」な社会的養護の規範的議論のあり方自体を再考することにもつながりうると思われる。そして、社会史・歴史社会学や構築主義的家族研究の発想を生かしながら基礎的な記述の作業をおこなうことでそれを可能にすることは、社会学という学問が規範の学としての社会福祉学とは異なるものとして社会福祉の一領域としての社会的養護に貢献する方法のひとつだろう。

注

(1) 新たな社会的養育の在り方に関する検討会『新しい社会的養育ビジョン』厚生労働省、二〇一七年、三―四ページ

(2) 足達咲希「近代日本の児童保護にみる孤児の創出――明治期上毛孤児院における孤児像と家族規範」、土屋敦/野々村淑子編『孤児と救済のエポック――十六〜二〇世紀にみる子ども・家族規範の多層性』所収、勁草書房、二〇一九年、一九五―二二九ページ、稲井智義「子ども救済事業から子ども保護事業への展開――石井十次の家族と学校に関する思想と実践を通じて」、「研究室紀要」編集委員会編「研究室紀要」第三十九号、東京大学大学院教育学研究科基礎教育学研究室、二〇一三年

(3) 土屋敦『はじき出された子どもたち――社会的養護児童と「家庭」概念の歴史社会学』勁草書房、

二〇一四年

(4) 藤間公太「子育ての脱家族化をめぐる「家庭」ロジックの検討——社会的養護に関する議論を手がかりに」、家族問題研究学会編「家族研究年報」第三十八号、家族問題研究学会、二〇一三年

(5) 浅井春夫／黒田邦夫編著『〈施設養護か里親制度か〉の対立軸を超えて——「新しい社会的養育ビジョン」とこれからの社会的養護を展望する』(明石書店、二〇一八年) など、近年の社会的養護政策動向をまとめた文献や、「家庭的」概念を規範とすることについての是非を論じた文献はあるが、家族に関する知識の歴史性・社会性を問うような家族史・家族社会学の視座から近年の社会的養護政策全般を詳細に論じたものはない。ただ、対象を里親に限ったものであれば、里親制度がどのような「家族」「家庭」像を求めているのかを里親関連の政策文書や審議会などの議事録を用いて記述した安藤藍「里親制度の規定する「家族」・「家庭」像の変遷」(「季刊 家計経済研究」第百十三号、家計経済研究所、二〇一七年) がある。

(6) 安藤藍『里親であることの葛藤と対処——家族的文脈と福祉的文脈の交錯』(MINERVA 社会福祉叢書)、ミネルヴァ書房、二〇一七年、本書第3章「児童養護施設が「家庭的」であること——中規模施設と地域小規模施設の比較から」(三品拓人)

(7) J・F・グブリアム／J・A・ホルスタイン『家族とは何か——その言説と現実』中河伸俊／湯川純幸／鮎川潤訳、新曜社、一九九七年

(8) フィリップ・アリエス『〈子供〉の誕生——アンシャン・レジーム期の子供と家族生活』(杉山光信／杉山恵美子訳、みすず書房、一九八〇年) など。

(9) 「内向きにならず地域社会に向かって開かれていく」ことが「家庭的である」とされることは興味深いことのように思われる。なぜなら、それはむしろ近代家族規範を超える脱家族化論で用いられて

きた論理だからである。藤間公太「子育ての脱家族化論の問題構制——「支援」と「代替」をめぐって」（慶應義塾大学大学院社会学研究科編「人間と社会の探求——慶應義塾大学大学院社会学研究科紀要 社会学 心理学 教育学」第七十七号、慶應義塾大学大学院社会学研究科、二〇一四年）など。こうした部分に、社会的養護特有の「家庭」の観念のされ方が見て取れる。

（10）さらに、土屋敦「社会的養護における「愛着障害」概念興隆の2つの山——1940年代後半〜2000年代までの日本の施設養護論の系譜を中心に」（福祉社会学研究編集委員会編「福祉社会学研究」第十七号、福祉社会学会、二〇二〇年）では、戦後日本という長い時間的スパンで社会的養護のなかで愛着概念がどれだけ盛衰したかを知ることができる。

（11）厚生労働省「今後目指すべき児童の社会的養護体制に関する構想検討会中間とりまとめ」厚生労働省、二〇〇七年、一六ページ

（12）上野加代子『児童虐待の社会学』（Sekaishiso seminar）、世界思想社、一九九六年、本書第5章「児童養護施設の職員は子どもの医療化とどう向き合ったのか」（吉田耕平）

（13）この検討会の序盤で奥山座長が「今日の目的としては、一つはこの前、早くやらなければいけないと言っていた三条の二の解釈というところ」と述べていることからもわかるように、児童福祉法第三条の二の「家庭的」という文言の解釈は、新たな社会的養育の在り方に関する検討会の喫緊の課題だった。

（14）この議論の終盤に登場した、西澤構成員による「もうわけがわからなくなったので、考えてみれば家庭ということを定義しようとしているのだけれども、みんなそれを定義すると多分、皆さんの家庭は崩壊していることになるので、そこの定義はもうやめる。（略）一番重要なのは、児童が「できる限り良好な家庭的環境」という部分をどう定義するかで、だから、これは家庭に依拠していると考え

ると今みたいな議論になるけれども、ここでこれはこういうものですというふうに操作的定義をしてしまう」という発言が、「家庭的」の意味内容を「家庭」を参照しながら一義的に語ることの困難性を物語っている。

(15) 前掲「子育ての脱家族化をめぐる「家庭」ロジックの検討」

(16) 前掲『里親であることの葛藤と対処』、本書第3章を参照。

〔付記〕本章は、「代替養育制度における『家庭性』概念の意味付け――改正児童福祉法第三条の二の解釈をめぐって」(『二〇一八年度 総人・人環「人間形成論演習」年次報告書』京都大学総合人間学部/大学院人間・環境学研究科倉石研究室〔教育学・教育社会学研究室〕、二〇一九年)、「現代の代替養育における〈家庭的〉概念と家族の言説」(京都大学大学院人間・環境学研究科修士論文、二〇二〇年)の第三章を大幅に改稿したものである。また、JSPS特別研究員奨励費(課題番号21J15089)の助成を受けた。

第３章　児童養護施設が「家庭的」であること

——中規模施設と地域小規模施設の比較から

三品拓人

１　児童養護施設での「家庭的養護」の推進とその問題背景

社会的養護での「家庭化」の潮流

近年、社会的養護の場を「家庭的な場所」にすることが行政課題に挙げられている。特に二〇〇〇年代以降に活発化した社会的養護関連改革の柱の一つには、施設養護に対する家庭養護（里親委託）の推進や児童養護施設の小規模化、「家庭化」が掲げられており、社会的養護の場で生活する子どもの生活環境を「家庭的な場所」にするための多くの施策が実践に移されている。他方で、社会的養護の場でどのような実践が「家庭的」として職員や子どもに意識されており、またどのような実践が施設養護の「家庭化」に反するとされるのか、などの主題に関する調査研究はこれまで多くなされてきたわけではない。本章では、旧来型の施設形態を採っている中規模施設（施設X）と、近年の施設養護の「家庭化」政策で特に推奨されている地域小規模施設（ホームS）での実践や施設職員の語りを比較・検討するとともに、新旧それぞれの児童養護施設で社会的養護の「家庭化」がどのような差異を有しながら経験されているのかを明らかにする。

児童養護施設は、虐待、貧困、ネグレクト、死別、収監、精神病をはじめとした様々な事情によって、保護者とともに生活できない二歳から十八歳までの子どもが入所する施設であり、社会的養護を実践する場所の一つに位置づけられる。社会的養護とは「保護者の適切な養育を受けられない子どもを、公的責任で社会的に保護養育するとともに、養育に困難を抱える家庭への支援を行うもの」[1]を指す。

二〇一七年に、厚生労働省は新たな社会的養育の在り方に関する検討会を計十六回にわたって開催し、その成果を『新しい社会的養育ビジョン』としてとりまとめた。このビジョンの要点は、社会的養護では家庭養護（里親委託）への切り替えを大前提とし、残る施設に関しても小規模化、個別化を伴った「家庭化」が強く推奨されている点にある。このように、旧来型の施設のあり方を大きく揺り動かすことになる同ビジョンが提示された一七年という年は、児童養護施設をめぐる近年の画期と言える。『新しい社会的養育ビジョン』を受けたその後の施策で、社会的養護の場で「家庭的であること」がどれほど強く目指されているかは、図1の「社会的養育の推進に向けて」[2]によく表れている。

なお、「家庭養護」と「家庭的養護」は区別される用語である。「家庭養護」とは、主に里親委託

図1　家庭の位置づけ

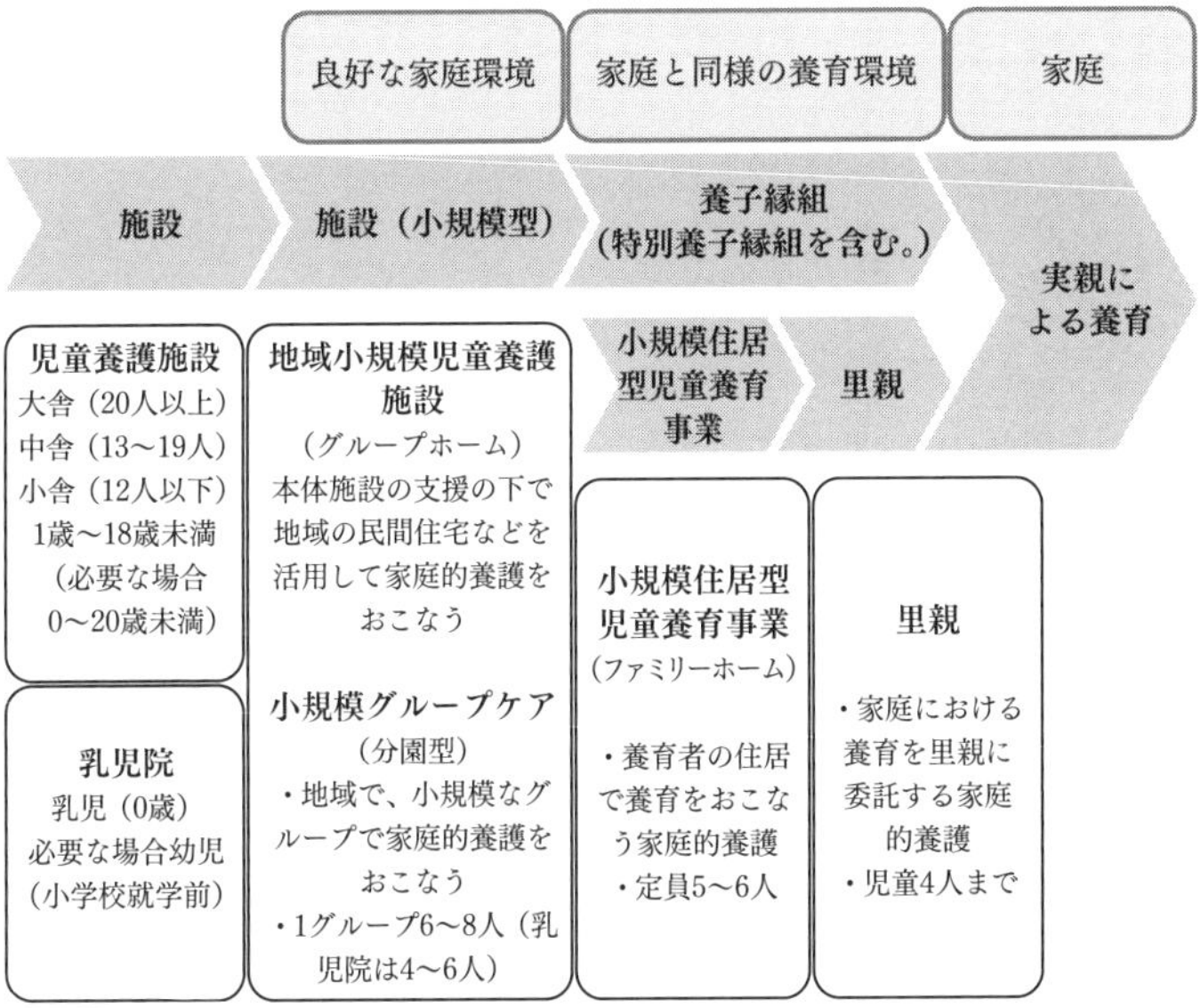

（出典：『社会的養育の推進に向けて』〔厚生労働省、2022年〕から筆者作成）

やファミリーホームなどを指して使用される語句であり、「家庭的養護」とは、従来の施設のあり方を個別的、小規模に変革することを意味する。本章では、後者の「家庭的養護」に関する主題を扱うことにする。

この社会的養護の場の「家庭化」については、本書第2章「社会的養護政策での「家庭的」の意味とその論理――二〇〇〇年代以降の政策関連資料から」で野崎祐人が政策文書の分析から、社会的養護の現場や政策検討の場では「家庭」という語は、積極的に使用されながらも、必ずしも明確な定義が与えられるわけではないことを論じている。野崎は別の論考で、「〈家庭的〉であることの意味を厳密に決めることは忌避され、曖昧なまま残す方向へ議論が進んでいく」ことを指摘している。また野崎は、社会的養護に携わる職員への聞き取り調査を通して、「家庭」という語が多くの場合「一般家庭での」あるいは「普通の家庭に近い」といった表現に言い換えられていることを指摘した。[3] また、ファミリーホームの「家庭性」を検討した安藤藍も、「個人／法人、夫婦かどうか、性別等にかかわらず、「家庭」の曖昧さには複数言及があった」[4] としていて、「家庭」という語がもつ曖昧性や多義性を指摘している。その限りで、社会的養護が「家庭的であること」の内実は、一義的に定められるものではなく、場の論理や文脈、そしてそれを語る人々の立場性によって大きく左右されることがわかる。

では、社会的養護での「家庭性」は、それを認識する人々の立場性によってどのように異なって認識されるのか。本章では、以上の問いを旧来型の中規模施設である施設Xと、近年その設置が推奨されている地域小規模施設であるホームSの比較から、それぞれの場で「家庭的であること」の内実がどのように異なるのかを比較・検討していく。次項ではまず、先行研究でこの社会的養護の「家庭化」がどのように論じられてきたのかを概観しておきたい。

社会的養護での「家庭」に関する先行研究

本章の議論と関連するのが、社会的養護での「家庭の理想化」という主題である。例えば、里親子の営みのなかにも、理想とされる「家族」に近づこうとする、もしくはこだわる側面が存在していることが先行研究で指摘されている。[5] さらに里親をめぐる家族社会学研究でも、里親制度でそれがときに「普通の家族」である点を重視することが指摘されてきた。[6] これらの傾向については、継親子や養親子などのほかのオルタナティブな親子関係に比して、里親子は「家族」「親子」の一般的語彙から遠い存在であるという認識が里親たちにもあるからこそ、いっそう「家族らしい家族」を志向するようになるのではないかといった考察が提示されている。(7)

このような社会的養護の場での「家庭」や「家族」の理想化傾向やそれへの志向性は、児童養護施設での実践にもよく当てはまる。「家庭」が理想形としてどのように浮上してきたのかをめぐる主題は、マクロな面では土屋敦が歴史資料をもとに明らかにしてきた。(8)同主題のミクロな面をめぐっては、施設外部者から施設という「家族と暮らさないという環境の特異性」(9)が注目されることで、その特異性が施設入所児たちに対するマイナスのレッテル、すなわちスティグマを強化する場合が多いことが田中理絵によって明らかにされてきた。

以上、主に日本国内の社会的養護の場の「家庭化」をめぐる先行研究を概観してきたが、これは、国連子どもの権利条約の採択（一九八九年）や国連児童の代替養育に関する指針の採択（二〇〇九年）以降、世界的に進行している脱施設化の潮流に沿った、日本だけではなく国際的にも取り組まれている主題でもある。

フィンランドの社会政策学者であるオルガ・ユリビナは、子どもの権利委員会と加盟国とのやりとりに関する政策文書を分析し、世界的な脱施設化（施設型ケアから家庭的・家族的ケアに移行させる政策を指す）の潮流を整理している。同研究では、国連子どもの権利条約の締結国による報告書の内容を分析するかぎりでは、八五％の国が脱施設化に何らかのコミットメントをしていることが明らかにされている。(10)このような脱施設化された小規模な施設についてのモノグラフ研究は、下記のようにいくつかある。

例えば、南アフリカの社会福祉学者であるジェトリュード・ダディライ・グウェンジによるアフリカのジンバブエの施設を対象とした研究[11]では、ハウスマザーたちが施設で十人ほどの子どもを住み込みで養育する様子が分析されている。同施設のなかで子どもたちはハウスマザーを母と呼び、その夫を父と呼んでいて、また子どものことをハウスマザーたちは自分の子どもを意味するバナング（vangu）と呼んでいる。ここで示唆的なことは、グウェンジが対象にしたジンバブエの児童養護施設では、そこでの生活が「普通である」という感覚を子どもに植え付けることを企図しながら「家族的環境」が形成されているという点である。

あるいは、エストニアのSOS子どもの村に関する研究もある。[12]社会政策学者のイングリッド・シンディらによれば、エストニアで最初のSOS子どもの村は一九九五年に導入されたが、そこでのケアでは「家族親（family parents）のいる家庭」が標榜されている（ちなみに常勤の職員はSOSマザーと呼ばれている）。

このような研究を見ると、社会的養護の場で「家庭的であること」の表出の仕方が日本では異なっているようにも思われる。特に二〇〇〇年代以降、日本でも施設を「家庭的」にすることが標榜されているが、職員を母や父と呼ぶ施設はごくまれであり（少なくとも、政策における家庭化の推進ではそのような議論はなされない）、職員を「家族親」と位置づけることもない。では、日本では、どのような実践が社会的養護の現場で「家庭的」として考えられるのか。本章では、日本の児童養護施設での「家庭」を考える際に、旧来型の児童養護施設である中規模施設の調査に加え、より脱施設化され小規模化された地域小規模施設に関する分析もおこなっていく。

また以上の先行研究の検討を踏まえて、本章では中規模施設なのか地域小規模施設なのかという立場の相違によって、社会的養護の場での「家庭規範」のあり方がどのように異なるのかを検討する。なぜなら、同じ児童養護施設の「家庭」といっても、その規模や位置づけ、あるいは実際の生活のなかで、「家庭」として言及されるものの意味内容は異なるのではないかと予想されるからである。

2　本研究の対象と方法

次に、本章の調査対象地である中規模施設（施設X）と地域小規模施設（ホームS）の概要を説明しよう。

施設Xの敷地には、男子棟や女子棟、小学生棟やグループホーム棟など複数の建物があり、二歳から十八歳まで合わせて約八十人が生活している。女男比は、およそ女：男＝四・五：五・五である。「小学生棟」と呼ばれている建物の一階には、二歳から五歳までの幼児や小学一年生女子が生活していて、一年生から小学六年生の小学生男子十八人（二〇一九年から十五人）は二階で生活している。筆者は二〇一六年から一年間の予備調査のあと、一七年四月から二一年三月まで同施設でフィールドワークをおこなってきた。このフィールドワークは、施設Xの非常勤職員（児童指導員、保育補助など）として勤務しながら実施したもので、筆者は主に小学生棟の子どもと関わった。またフィールドノートは、勤務終了後などに記述した。本研究の基本的なスタンスとして挙げられるのは、筆者が勤務しながら観察した実際の出来事の記述を重視する点である。また、本章の執筆のために、ホームSに入っている職員にも話を聞いた。

一方、ホームSは賃貸の一軒家を「施設として」利用しているため、表札をきちんと確認しないかぎり外見はいわゆる一般的な家と変わらない。なかに入っても一見では施設とわからない。ダイニングキッチンに大きめの冷蔵庫が二つある（一つは子どものものを入れるもので、もう一つは職員が調理する食材を入れるためのものである。地下にはさらにもう一つ冷凍庫があり、衛生管理のために子どもに提供した食事の一部分が二週間保管されている）ことや、非常灯が取り付けられていること、そして事務所の部屋があることなど以外は、おそらく見かけでは「施設である」とはわからないような生活空間になっている。

ホームSでは、子どもが五人（以前は六人）と固定された職員が四人（交代勤務だが、常時二人ほど）いる。ダイニングキッチンは対面型で、小規模施設で料理が作られる。洗濯は、本体の施設Xと同じように乾燥機もあるものの、通常は二階の子どもの部屋から出るベランダで服が干されている。(13)

では、この中規模施設（施設X）と地域小規模施設（ホームS）それぞれで、「家庭的な生活」とは、どのような差異を有しながら経験されているのだろうか。以下では前述の問いを、施設X、ホームSの順に検討していきたい。

3　施設生活のなかから浮かび上がる「家庭」

中規模施設に関する全体的なスケッチ

まずこの施設Xでの子どもたちの生活に関して簡単に説明しておきたい。

小学生棟の玄関を入ってすぐの階段を登ると子どもの居室がある。子どもは二、三人くらいで一部屋を共有している。職員が使用する比較的小さな部屋が事務所になっている。この事務所のなかに子どものゲームや財布、会議などの資料や鍵、薬、引き継ぎ用のパソコンなどが置かれている。職員同士が話すときや、子どもと一対一で話したりするときには、この事務所が使われることが多い。ホールと呼ばれる場所には、テレビや冷蔵庫、流し台、また、洗濯した服を入れておく棚や上靴や体操服をかけておくラック、テーブルなどがある。流しの近くには子どものコップやおやつを入れる皿が置いてある。子どもは好きなときにお茶を飲んだりテレビを見たりしている。ホールには脚の短いテーブルが複数ある。子どもはテレビやゲームや勉強などをはじめとしてこのホールで集合的に生活することが最も多い。

施設Xの敷地の中心部分には本館と呼ばれる建物がある。本館一階には食堂と事務所がある。小学生棟の小学生、学童棟の中・高生の子どもは、この本館の食堂で食事をとる。幼児やグループホームの子どもなどは自分たちのフロアで食事をとる。

朝、職員が各部屋を回って子どもを起こす。起床すると子どもは着替えを始める。パジャマを各自の洗濯ネットに入れて、廊下に置いてあるかごに出す。着替えや起床が遅い子どもは支度に食堂に行くギリギリまでかかり、早い子どもは着替えたらホールでテレビを見ている。その後、そろって隣にある本館の食堂に行って朝食をとる。食べ終えた子どもから職員とホールに戻ってくる。職員は二人いるため、片方が子どもと一緒にホールへ戻り、片方が食堂に残ってほかの子どもが食事をとるのを促したりする。その後、子どもの一部は先に学校へ行き、一年生などは職員と一緒に八時に登校する。子どもたちは毎日施設から学校に通っていて、施設のなかで生活をしている。入所期間が長い子どもでは二歳から十八歳になるまでこの施設Xで育った子もいる。

こうした施設生活のなかでも、食に関する場面では特に「家庭的であること」をめぐる規範が表出しやすい。例えば、施設における「家庭」とは何か、を考えながら参与観察を始めた当初、筆者が職員として食事会議に参加した際に、同じ日の朝ごはんと昼ごはんが卵やサツマイモなど同じ食材を連続して使った献立になったことを問題視する発言をした職員がいた。献立作成担当の栄養士は、同じ食材を使った献立が続いたことについて「家だったら〔メニューが朝、昼で〕続くこともあるんじゃないですか」（フィールドノート、二〇一七年六月上旬）と答えていた。

同じく食に関する場面で、職員のなかには、施設と「家庭」が明確に異なるという認識をもっている者もいた。例えば職員Aは、施設であっても食事を「台所」で作ってほしいと言っていた。その意見によると、家庭にあるのは「台所」であって、施設のような食堂や厨房ではない。職員Aは朝、台所に立って食材を切ったり炒めたりする「お母さんの後ろ姿」を子どもたちにとって望ましいものとして思い描いていた（フィールドノート、二〇一九年四月上旬）。もちろん、「お母さんの後ろ姿」が大事といっても、単純に後ろ姿を見るという問題ではなく、それは料理をしながら子どもとコミュニケーションをとったり作っている姿をより近くで見せたりすることを表す主題であるとも考えられる。というのも、単に職員が食事を作っている後ろ姿や横からの姿なら、施設の厨房でも毎日見ることができるからである。

また、施設の「家庭性」が独自の目線で取り上げられることもあった。施設X内にある別の建物の職員Bは、施設での「家庭的」とは安定のことだと言っていた。具体的には、Bはコーヒーを決まった時間に入れるようにしているそうだ。そうすると子どもたちが飲みにくる。「家庭的」とは、そうした場所に生まれる雰囲気などを指していたりもする（フィールドノート、二〇一九年十月下旬）。

「普通」の大きさと子どもの将来

また、児童養護施設で「家庭」が参照される場面として、日用品をはじめとする「物」の大きさとその形に関する議論も挙げられる。例えば、ドレッシング、炊飯器、お風呂などの大きさである。施設では大人数での共同生活をおこなうため、食堂に置かれているドレッシングは業務用に近いような大サイズである。浴槽は子ども六人が入ることができる大きさであり、炊飯器は一つで二十人分を炊くことができる大きなものである。これらは、大人数で共同生活をおこなう際には経済的で合理的なのだが、子どもが施設を退所したあとの将来を考えた場合などに問題視されることがあった。

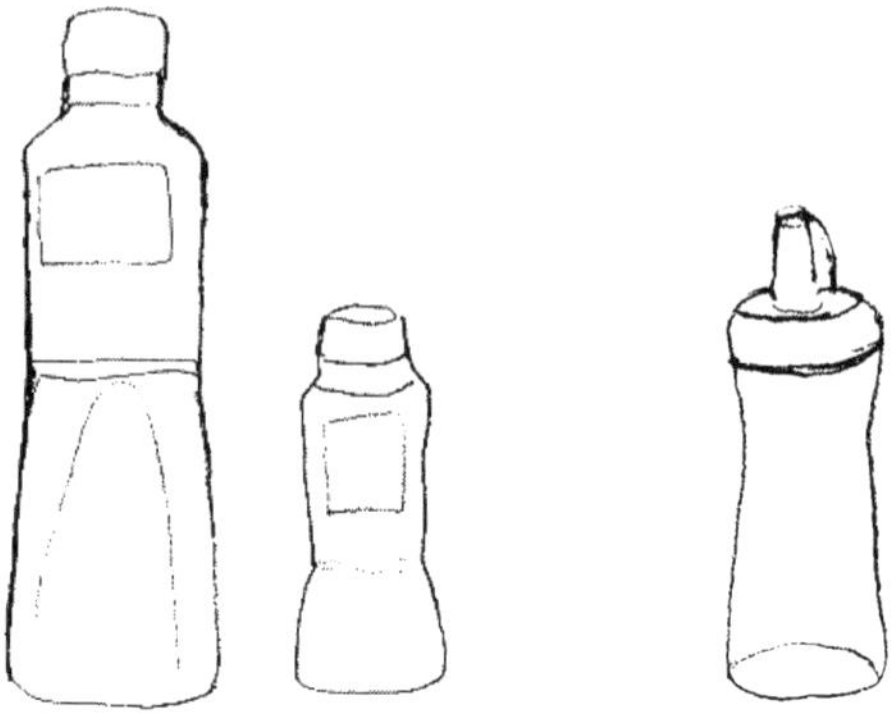

図2　ドレッシングとプラスチックの容器（左から施設で使用する業務用1リットルと一般的とされる300ミリリットルのサイズであり、いちばん右は400ミリリットルのサイズである）（筆者作成）

［事例］ドレッシングの大きさを小さくできないか

食事会議の議題で、園長から食堂で使っているサイズのドレッシングをもっと家庭的な小さいサイズにできないか提案がある。その理由は、子どもが将来、大きいほうのサイズを当たり前と思わないかというものである。同席していた栄養士は納得しながらも、食堂ではすぐにドレッシングがなくなるので経済的な面で「大きいドレッシング一本のかわりに、小さいドレッシングを何本も買うことは」難しいと伝えていた。

（フィールドノート、二〇一七年七月上旬）

施設Xの食堂で使用しているものは、図2左側のように約千ミリリットルのドレッシングである。小さいサイズは、図2中央のように、三百ミリリットルほどのものである。

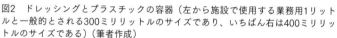

ここで重要なのは、ドレッシングの容器の大きさを問題とする理由が、施設で生活する子どもの将来を配慮してのことだったという点である。すなわち、施設で長く過ごすことによって、大きいサイズのドレッシングの大きさを当たり前だと思い、将来一人暮らしをするときに大きいほうを買ってしまわないかという危惧だった。この提案が採用されることはなかったものの、一カ月ほどしてから、食堂で作った食事をフロアまで運んで食べる幼児フロアのドレッシングには、大きいドレッシングの中身を図2右側のような小さめの容器に移し替えて使用するという変化が生じていた（二〇一七年八月上旬）。これらは、ドレッシングだけでなくマヨネーズや醬油、ポン酢などにも同様に生じた変化である。

食に関わる日用品の大きさや形をめぐって問題が提起された場面としては、食堂の炊飯器についての例も挙げられる。二〇一八年十二月上旬、施設の小規模化の参考とするための視察としておこなわれた小規模施設見学会での次の一場面が、それに該当する。

［事例］これが普通の炊飯器

地域小規模施設を設置するため、施設Xと交流のある近隣の地域小規模施設へ見学にいく。部屋やキッチンを見せてもらい、説明を受けた。地域小規模施設の生活について説明する職員が、炊飯器を指して、これが普通の家庭だという内容を何度も伝えていた〔その後、浴槽などにも言及〕。

（フィールドノート、二〇一八年十二月上旬）

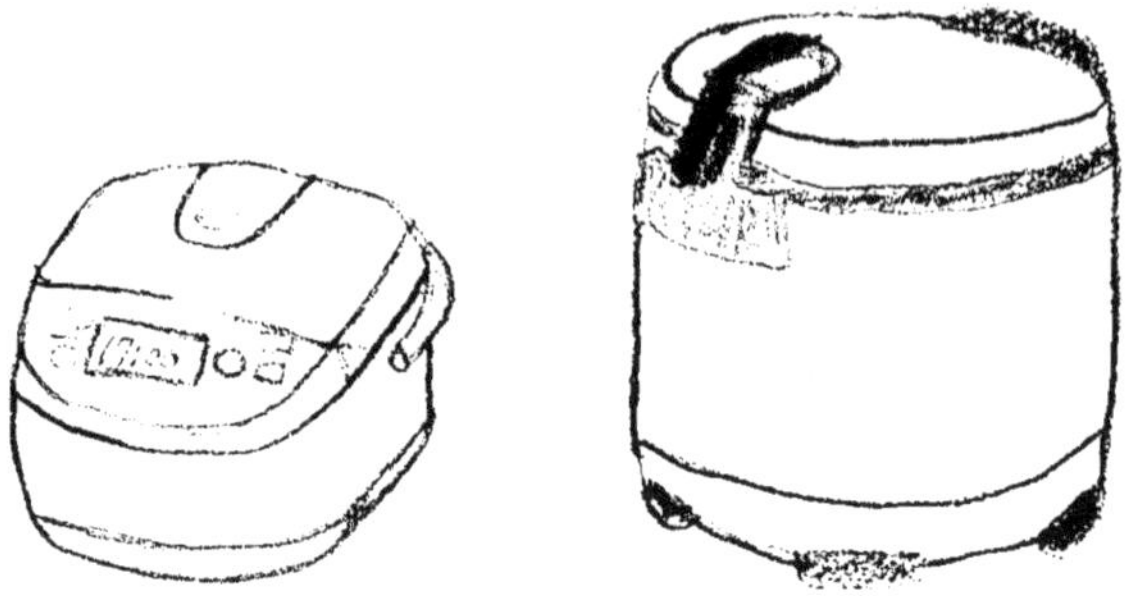

図3　「普通」とされた炊飯器の大きさと食堂の炊飯器（左の図は高さ約30センチほどであり、右の図は高さが約50センチ）（筆者作成）

施設Xの食堂で使用されている図3右側のような炊飯器は、施設で暮らす子ども二十人と職員数人の分をまかなえる大きさである。食堂には、小学生・中学生・高校生合わせて大きな炊飯器が三台ある。子どもたちは食事の前に、食べる分のご飯を炊飯器から自分でよそうことになっている。別の日の食事会議では、炊飯器の大きさに加え、小学生用の炊飯器が子どもの背丈に合わせて椅子の上に置かれていることが問題とされた。そこで現在では小学生用の炊飯器は専用の台の上に置かれるようになった。

風呂の大きさをめぐる語りにも、同様の構図が見て取れる。施設での入浴は、基本的に「ホーム」ごとにおこなわれる。小学生棟の浴室に設置されている浴槽は、図4右側のように子ども六人ほどが一度に入ることができる大きさになっていて、男子棟や女子棟の場合も同様である。これとは対照的に、同じ敷地のグループホームや少し離れた地域小規模施設などでは、図4左側のような個人での入浴が想定された形態がとられている。先に言及した地域小規模施設の見学会の帰りに、

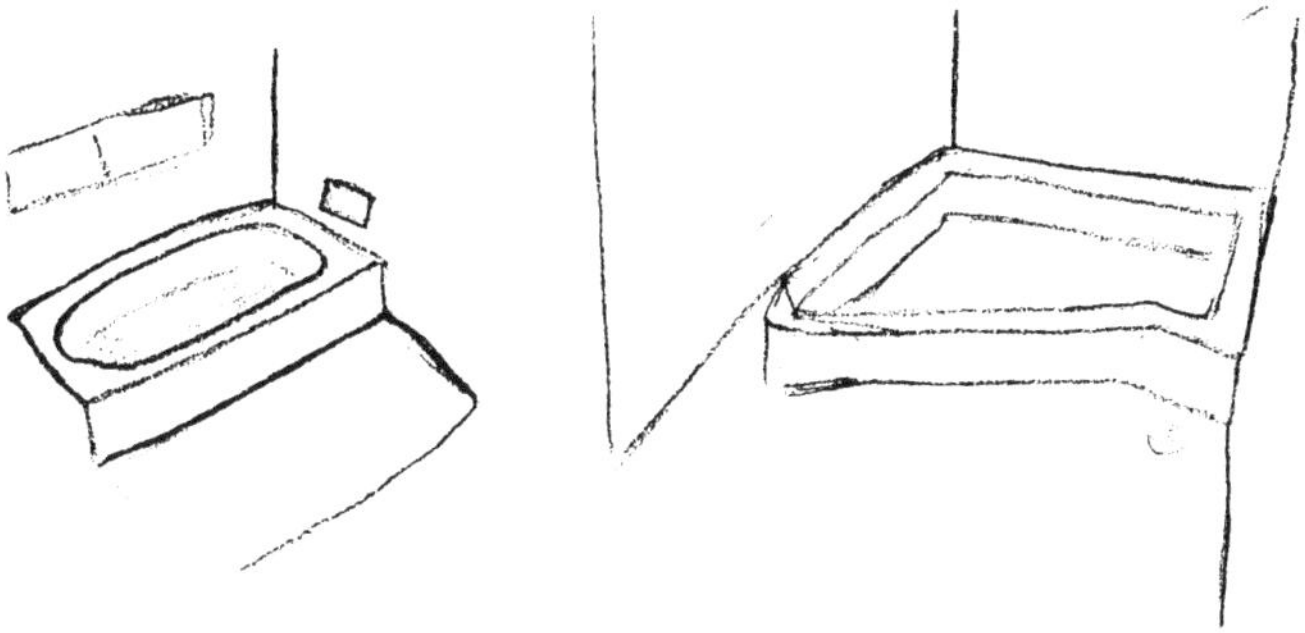

図4　「普通」の大きさの浴槽と施設の大浴槽の形態の違い（左の図では横の長さは約1メートルであり、右の図では約2メートルほどである）（筆者作成）

職員Bは「慣れの問題」があると話していた。つまり、将来的には施設を退所し、他人と入浴することがなくなるため、常に図4右側の形式に慣れていると、図4左側の形式になったときに違和感を覚えることを危惧しており、実際にそういう子どももいたようだ（フィールドノート、二〇一八年十二月上旬）。見かけ上は形態の問題にすぎないが、そこにも卒園後の将来を想定した配慮があった。

最後に、単に大きいものが小さくなるだけではない変化について付け加えておく。施設Xでは、新型コロナウイルス感染症の流行前までは、年に一度主に夏にキャンプと呼ばれる宿泊旅行行事があった。以下では、筆者も同行した二〇一七年冬の施設全体のキャンプと、一九年夏のフロア単位だけのキャンプのあり方について紹介したい。一七年は冬キャンプという特殊な例だった。施設全体での旅行の参加者は、職員も含めれば百人を超える。このキャンプには修学旅行的な要素があり、移動手段として大型バスが二台チャーターされた。キャンプでは、宿泊先の食堂がほぼいっぱいになったり、夜には職員が出し物などのレクリエーションを用意したりしていて、小学生以上の子どもたちが全員、大広間に集まりキャンプに参加している（フィールドノート、二〇一七年十二月中旬）。このような旅行の特徴を象徴するのが、八十人の子どもと職員が同時に写る集合写真だった。以前は、こうして施設全体で旅行することもあったようだが、現在ではより小さな単位のメンバーでの旅行へと実施形態が変わりつつある。例えば、一九年の夏キャンプはフロアごとに行くことになった。その理由は、年齢やジェンダーによって行きたい希望先が異なっているからだ。小学生は運動を中心に楽しめるようなところに行くことを好む。中・高生などは遠くにあるテーマパークに夜行バスで行ったりしている。同じ敷地内にある中・高生男子のグループホームAも、かつては男子棟の子どもと一緒に同じ場所に行っていたが、個別に旅行する形態に変わった。現在ではそれぞれが異なった場所に行っている。以上のような変化や意味づけは、社会的養護の場で生じている前述の個別化や施設の小規模化の時代背景を考慮するならば、多くの児童養護施設で起きている変動だと考えられる。

以上、中規模施設（施設X）で意識化される「家庭的であること」の内実について論じてきた。次に、地域小規模施設（ホームS）で経験される施設の「家庭性」に関してみていきたい。

4　小規模化された施設の「家庭的」要素

対象地の説明と全体的なスケッチ

厚生労働省の専門委員会の報告書では児童養護施設を小規模化することの利点が繰り返し強調されている。同報告書では、一般家庭に近い生活体験、身の回りの暮らし方を普通に教えやすい、自然に学べる、家庭や我が家のイメージ、将来家庭をもったときのイメージができるといったような文言が並べられている。そこでは、施設を小規模化する意義は「家庭的養護と個別化」をおこない「あたりまえの生活」を保障するためであると謳われている。

以下では、施設Ｘが最初に設置した地域小規模施設（ホームＳ）で「家庭的」な養育環境がどのようなものとして考えられているのかを、施設の特徴や職員の語りをもとに明らかにしたい。筆者は、このホームＳで、二〇二〇年から二三年執筆現在に至るまで宿直勤務を続けている。

ホームＳは本体である施設Ｘが最初に設置した地域小規模施設ということもあり、希望した職員が同ホームに異動し、また同ホームに在籍する子どもも事前に決められていた。「ちょっとずつ向こうに泊まりに月二回くらい布団持って」いき、「何もないけど向こう行って寝るみたいなんはしてた」。そして、「行ってちょっとした道具を買って作ったりとか。最初は鍋とお皿買って、みんなでスーパー行ってパスタみんなの好きな味買ってみんなで食べよかってゆでたやつみんなで食べる。すごい喜んでたし。まあだからこんなイメージやなみたいな。パスタゆでて自分たちのかけて食べるみたいなのでいいし、慣れてきたら調理して作ればいいしみたいな感じで」（インタビュー、二〇二二年十月上旬）生活がスタートしていく。

ただし、このような生活環境自体が前もって準備されているわけではなかった。そこには「施設」ならではの苦労があった。はじめにホームＳができるまでのエピソードを紹介しておきたい。

このエピソードからは、いわゆる一般家庭と地域小規模施設の「違い」が立ち上げ当初から垣間見える。

D：〔賃貸契約を〕断られる理由は不特定多数が入ること。貸してる人からしたら○○の家族が住む。だったらもう○○がおって奥さんがおって子どもが住んでるけども、小規模になると施設になるから「職員も入れ替わる、子どもも年度によっては代わるってなってくると不特定多数になる」と。で「誰が住むのかわからない」って言われるけれど、「変な使い方はしないし、今日は子どもAくんで今日はBくんでって、そんなコロコロ代わるところじゃない」って説明全部したってやっぱり児童養護がどういう生活でグループホーム小規模がどういう生活するかっていうのを大家さんも営業スタッフさんもわからへんから。ものすごい営業さんに説明して〔施設生活の〕旨を大家さんに伝えてもらったけど、〔不動産からは〕「やっぱりややこしいから〔大家さんから〕バツが出ました」みたいな。

（インタビュー、二〇二二年十月上旬）

ここで職員Dが語っているのは、小規模施設として利用するため一軒家を賃貸で借りようとしたときに断られた経験である（これを含めて複数回断られている）。このように、より「家庭的」とされる小規模施設でも「不特定多数で消防機器を付けないといけないからそれはだめ」「グループホームやったらだめです」といった意見、そして「住宅街やから自治体の協定でお店ができないでしょ」という意見まで多くの反対があり、一軒家を賃貸で借りることには多くの困難があった。「家族」であれば一軒家を賃貸で借りられるわけだが、あくまで用途が「施設」であることを理由に断られている。小規模化によって形態は「家庭的」な状態へと近づけられているものの、社会からは依然として「施設」と名指されているわけである。そういう多くの困難な経緯を経て、いよいよホームSは始動した。

職員DはホームSのよさを「やっぱり家庭的だなって思うこと」と述べながら、その内実を以下のように語る。

D：施設に比べたらね。衣食住全部こっちでみてるから。だから服一つにしても裁縫しやすい。人数が少ないのもあるし、気がつくっていうかそういうのにも手回るし。たぶんシーツ一つからして業者○○が入ってないから。シーツ一つに子どもの名前を縫って、これは○○〔子どもの名前〕のな、とか。毎週土曜日はシーツ交換の日って言って交換さしてとか。

（インタビュー、二〇二二年十月上旬）

施設Xでは、シーツは業者が二週間に一度新しいものと交換している（もちろん、汚れたらそのつど職員が洗濯するが）。そのために、シーツを交換する日を決めているという点では、施設XもホームSも同じだが、業者のシーツではない点を「家庭らしさ」との関連で言及しているわけだ。

またホームSのよさを「家庭的であること」だと述べる職員Dは、食事を提供する際の施設XとホームSの違いを以下のように語る。

D：〔施設Xとは〕また違う。ご飯も作って提供してるから厨房に作ってもらったのを食べるのじゃなくて、「ホンマに家で作った物」が出てくるみたいな感じやから。で、なるべく子どものリクエストを聞くようにはしてて。今日は献立考えてないから「食べたいもの誰かリクエストしてや」って言ったら、「俺ラーメンがいい」「俺パスタがいい」とか言って、「前〇〇の聞いたから、今日はこっち聞こうか」って。で買いにいったりとか。日によっては白菜があるから白菜を使った料理でなんかリクエストみたいなんない？みたいな。ほんで「鍋！」って言ったら「鍋しようか」とか。キャベツやったら「お好みがいい！」なら「お好みしよか」とか。そんなんもできるし。〔子どもの〕意見は聞いてるかな。

（インタビュー、二〇二二年十月上旬）

このようにリクエストや子どもの意見を聞いているところ、「ホンマに家で作った物」が出てくるような点で、ホームSが「家庭」に近いと述べている。

以上、ホームSでの「家庭的であること」の内実を職員Dの語りからみてきたが、次項では小規模化した施設の家庭的養護の実際のあり方に焦点を当てて分析しよう。地域小規模化したホームSで、何が「家庭的」とされているのか。そこには、特に第2章で検討されてきた専門委員会などの政策作成過程のなかで問題とされた、子どもに対するケアの「個別性」などとはまた異なる文脈が浮かび上がる。

外部と施設

小規模施設であるホームSの「家庭らしさ」とは、そこで働く職員たちにはどのように意識されているのだろうか。以下のやりとりからみていきたい。

筆者：小規模施設〔ホームS〕に来て、家庭的っていうので何が家庭的になるのかって働くなかで感じたりすることがあれば。

E：最初やり始めたころに比べたら、なんやろ。〔児童養護施設のメンバーと職員は〕家族にはなれないじゃないですか。みんな、兄弟とかじゃないし。自分は親ではないんで、親にはなれないし。けど、この前も「みんなカブトムシ取りにいこか」とかやってみたりとか。「釣り一緒にいこう」とか、ふらっとそういう感じで出ていくみたいなのをやってみたりとか。そういうのがたぶん本体施設やったらあんだけ人数いるんでふらっと「いまからいくか」ってできへんけど、うちはわりとそれができる。いまの〔施設に入居している子どもの〕メンバーも〔関係〕あるかもしれないですけど、「じゃあ、ちょっといこうか、留守番頼むわ」みたいな感じでいけるメンバーでいって小一時間で帰ってくるとか。お出かけが結構しやすい。

（インタビュー、二〇二二年九月中旬）

語りからみえてくるのは、ホームSで働く職員Eにとっては同ホームでの「家庭らしさ」はカブトムシ取りや釣り、そして薬局やちょっとした買い物のような「ふらっとそういう感じで出ていく」ことのなかに多く見いだされている点である。そういった「お出かけ」のことを職員Eは、「ちょっと薬局いくけどついてくるか」とか「ある意味お家でいう親の買い物に付き合わされるとかそういうのとかは似てんのかな」と振り返っている（インタビュー、二〇二二年九月中旬）。

子どもの様子の変化

また「家庭的養護」とはどういうことか、と地域小規模施設の現場をよく知る職員に聞く場合には、「子どもとの関係の変化」に関する主題がしばしば語られた。ホームSでの生活のなかでは、三人の職員とも子どもの様子が変化したと話した。「いまやったら、○○〔子どもの名前〕なんて、いちばん効果てきめんでね。施設Xの男子棟でみてて、しんどい状態で、〔ホームSにきて〕全然表情が変わって」（インタビュー、二〇二二年十一月中旬）と子どもが落ち着いていることを職員Fは例に挙げる。[14]

ほかには、職員Eは「ホームSであれば、極論、火事になっても大丈夫な気がするんですよ」（インタビュー、二〇二二年九月中旬）と、本体施設との差異を表現する。その理由は「施設Xやったら、まず子どもは大人〔職員〕を捜すと思うんですけど、ここだったら子どもがなんとかしようと」するからだという。あるいは、小規模施設で生じた子どもの自主性として、「〔宅配便などの〕荷物を自分で受け取りにいく」（施設Xであれば、事務所が対応することになっている）ことや「お風呂をためておく〔抜いておく〕」「〔苦労しながら作っている姿を横で見ているからか〕ご飯に失敗しても文句を言わなくなった」という変化がみられたことを職員Ｄ・Ｅ・Ｆともに語る。

ホームＳで生活する子ども自身が、前述のような変化を「家族である」あるいは「家庭的な養育環境である」と意識しているわけではないだろう。ただ、子どもにある自主性が芽生えることによって、職員の視点からするとそれが「家庭的」な養育環境ができあがってくる過程に映ることがうかがえる。(15)

5　児童養護施設で「家庭」が参照される意味の違いに着目して

以上、中規模の児童養護施設である施設Ｘと小規模施設であるホームＳで参照される「家庭らしさ」の差異を、参与観察と職員に対するインタビュー調査から明らかにしてきた。以下では、施設Ｘとホームで参照された「家庭らしさ」に関して何が異なるのかを考えたい。施設Ｘのなかで「家庭らしさ」と結び付けながら頻繁に語られた「物の大きさ」については、ホームＳでは一度も言及されることがなかった。規模が異なる両施設の「家庭らしさ」をめぐる相違に関しては、次の二つの観点から考えることができる。

一つ目は、ホームＳでの実践や設備がより自明になってくるからこそ、「物の大きさ」などの主題が強調されなくなるということである。二つ目は、「いま、ないもの」／「いま、あるもの」を参照しながら「家庭」が形成されている、という違いが両施設間にあることだ。施設Xでみられたのは、「施設にないもの」としての「家庭」であり、ホームSで語られたのは「施設に現にあるもの」としての「家庭らしさ」の特徴だった。

以下では、この二つの点について考察していく。例えば、大塚類は「施設の子どもたちは誰の物でもあるために誰の物でもないという無差別な共用の道具に囲まれている」がために、「自分の道具は（略）家庭的な温かみや守られている感じが強まると言いうるほどの、大きな意味を備えている」[16]と指摘する。しかし、いわゆる家庭でもそれぞれの箸やコップを特に決めていない場合も珍しくないし、家庭なら共用の道具に囲まれるということがないわけではない。例えば、施設Xでは、一階と二階では文化が大きく異なっていて、一階で生活する子には私物のバスタオルがあるのに対して、二階は共用のバスタオルを使っているという差異があった。このように考えると、共用のものが多いから「施設的」、自分だけのものが多いから「家庭的」という単純な図式が成り立つと断じることは難しい[17]。同じような問題は、ルールをめぐる職員の考えにもみられる。ルールがないほうが「家庭」に近いという考え方は、施設養護の「家庭化」論のなかでは強く主張されてきた。そうした論点は、インタビューで語られた地域小規模施設と職員の家庭の比較に関する以下のようなやりとりからもうかがえる。

筆者：〔お話を〕まとめると、小規模のいいところはやっぱり目が行き届きやすいっていうのと、衣食住が完結してるっていう意味でそれが家庭的に近いっていう？

D：まあ家庭とは違うけど。（略）まずルールがあるのが家じゃないもん。うちの家六時にご飯食べましょうってルールないもん。正直「ご飯できたぞ食うぞ」ってなって子どもらが食うみたいな。で、お風呂の時間も決まってないし寝る時間も決まってない。

（インタビュー、二〇二二年十月上旬）

他方で、職員Dによるルールをめぐる認識とは異なり、職員Eはルールについて次のように述べる。

E：家庭的家庭的って今言われてるんですけど、たぶん家族でもルールってあるじゃないですか、どのお家もとはかぎらないですけど、ある程度、あると思うんですよ。それを暗黙の了解で、例えば「ゴミ捨ては手伝わされてんねん」って言ってる子どももおれば、「皿洗い全部親がやってくれてんねん」って家もあるかもしれないですけど、「なんかここはあかんねん」とか、逆にルール化してるお家もあったりとか、掃除、ちゃんとお母さんの手伝いをする、この日はするとか、ご飯手伝うとか。家庭的っていっても、お家でもやっぱルールがあると思うんで。

（インタビュー、二〇二二年九月中旬）

多くの場合、施設養護の特徴はルールや日課がある点に求められ、それが子どもの個々のニーズへの対応を阻害するという点に対して批判的な言及がなされてきた。他方で、前述の職員の語りからわかるのは、ルールや日課があるから施設的であり、それがないから家庭的であるという図式自体が成り立たないことである。伊藤嘉余子の研究では、施設の集団生活の弊害に対する不満としては「門限が早い」「就寝時間が早い（早く寝なさいといわれる）」などを挙げることが多いが、必ずしも児童養護施設特有といえないものも多かったことが指摘されている。ここには子どもたち自身も施設だからこういう生活なのだという先入観を強くもちすぎている面があることも指摘されている。このように考えていけば、「家庭らしさ」が理想化されることの裏側で、施設の生活が一段低くみられてしまう懸念もある。(18)

本章でここまで提示してきた調査結果からは、どのようなことをしていたら「家庭的」で、どのようなことをしていないと「家庭的」でないかという区別は一義的に決まるわけではないこと、またそうした「家庭らしさ」のあり方はいわば解釈者の立場性や文脈によって、周囲の人々との相互作用の結果として構成されていくことがみえてくる。

おわりに――施設での「家庭」の浮上

本章では、中規模施設の施設Xと地域小規模施設のホームSそれぞれで何が「家庭的」なのかを論じてきた。二つの異なる種の比較から、近年の児童養護施設の「家庭化」という変動下にある施設の職員や子どもの日常生活では、「家庭」がどのように意識化されているのかを、参与観察と職員へのインタビュー調査から描き出してきた。以下に要点をまとめたい。

一つ目は、現代の児童養護施設の生活のなかで「家庭」として思念されることの多くは、特に「衣食住」に関係する物や場面、例えば日用品などの大きさや職員が作る食事、子どもに渡すシーツ、気軽な外出と結び付いていることである。施設Xでは「物の大きさ」が問題になった場合のように、施設生活にないものが「家庭」を構成するものと見なされる傾向があった。他方で、ホームSでは、カブトムシ取りや釣り、薬局へのちょっとした買い物のように、生活のなかに現にあるものを「家庭的」と見なすことが多いという特徴が見いだされた。このように中規模施設Xと地域小規模施設ホームSの間には、「家庭らしさ」の参照のされ方の形式的な違いが見いだされる。こうした「家庭性」をめぐる認識の違いからは、立場性や文脈によって理想とされる「家庭」の力点や見え方が異なるということが示唆される。

二つ目は、特に地域小規模施設に移行した際の子どもの行為や様子の変化が「家庭らしさ」と結び付けて語られていたことである。施設Xで生活していたときよりもホームSでの生活のなかで、子どもの様子や行為が（いいと思われるような方向に）変化したことが「家庭的」な養育環境と結び付けながら語られていた。

前述の調査結果での含意は、現在の児童養護施設では実際の施設形態や規模にかかわらず、何らかのかたちで「家庭」が参照されていて、施設の日常生活の細かな場面や子どもの状態に「家庭」が見いだされている点にある。また、子どもの状態が、語る側（本章でいえば、地域小規模施設の職員）からみて「望ましくない」場合は、それが「家庭的であること」と結び付けられにくいという特徴があることも示唆される。

「家庭」とは、抽象的な家庭像であるだけでなく、そこにいる職員が経験したり、相互行為のなかで形成したり、あるいは児童養護施設の環境での文脈の適切性に照らして選び取られたりしたものの場合も多い。そのような「家庭らしさ」は、生活する子どもの様子やその将来まで見越して選択されるものでもあり、現状の施設の養育環境それ自体を向上させたり、「施設」と「家庭」がまったく異なるものだという認識の断絶を埋めるという意味も込めて形成され経験されたりする側面も有するものである。「家庭化」を推進することによる「子どもの変化」は、施設生活でも「家庭」に準拠した方針をとることが、「施設であること」によるスティグマあるいはネガティブな自己認識を、利用者である子どもにとって、多少なりとも相対化する可能性があることを示唆するものだともいえるかもしれない。

注

（1）子ども家庭庁『社会的養育の推進に向けて』子ども家庭庁、二〇二三年（https://www.cfa.go.jp/assets/contents/node/basic_page/field_ref_resources/8aba23f3-abb8-4f95-8202-f0fd487fbe16/355512cb/20230401_policies_shakaiteki-yougo_68.pdf）［二〇二三年八月十七日アクセス］

（2）厚生労働省子ども家庭局家庭福祉課『社会的養育の推進に向けて』（厚生労働省、二〇二一年〔https://www.mhlw.go.jp/content/000833294.pdf〕［二〇二三年四月四日アクセス］）を参照。児童養護施設では近年、政策上の位置づけの変更に伴う大きな変革が進みつつある。その契機になったのは、序章「「社会的養護の社会学」のインプリケーション」（藤間公太）や第1章「母性的養育の剝奪論／愛着理論の再構築と里親委託——一九七〇—二〇〇〇年代の里親関連専門誌の分析から」（土屋敦）でも紹介した二〇一〇年の国連子どもの権利委員会による日本政府に対する勧告である。

(3) 野崎祐人「現代の代替養育における〈家庭的〉概念と家族の言説」京都大学人間環境学研究科修士論文、二〇二〇年

(4) 安藤藍「小規模住居型児童養育事業（ファミリーホーム）の現代的位置——社会福祉制度の「家庭性」」（「人文学報 社会福祉学」第三十五号、首都大学東京人文科学研究科、二〇一九年）を参照。この論文で、「家庭的であること・family-based care の良さが児童福祉の現場で理念になることは養育者（ひいては子ども自身）にどのように経験されているのかを記述する作業はできよう」とその研究課題を提示している。

(5) 和泉広恵『里親とは何か——家族する時代の社会学』勁草書房、二〇〇六年

(6) 和泉広恵「「家族」のリスクと里親養育——「普通の家庭」というフィクション」、野辺陽子／松木洋人／日比野由利／和泉広恵／土屋敦『〈ハイブリッドな親子〉の社会学——血縁・家族へのこだわりを解きほぐす』所収、青弓社、二〇一六年

(7) 安藤藍『里親であることの葛藤と対処——家族的文脈と福祉的文脈の交錯』（MINERVA 社会福祉叢書）、ミネルヴァ書房、二〇一七年

(8) 土屋敦『はじき出された子どもたち——社会的養護児童と「家庭」概念の歴史社会学』勁草書房、二〇一四年

(9) 田中理絵『家族崩壊と子どものスティグマ——家族崩壊後の子どもの社会化研究』九州大学出版会、

二〇〇四年

（10）Olga Ulybina, "Global out-of-home childcare and world culture," *International Journal of Comparative Sociology*, 2022, pp. 1–26.

（11）Getrude Dadirai Gwenzi, "Representations of 'family'in residential care：Perspectives from residential care staff in Zimbabwe," *Scottish Journal of Residential Child Care*, 18（2）, Jun 4, 2019, pp. 119-134. 同国の社会的養護では脱施設化が進み、家族的なケアが求められていること、また児童養護施設での「家庭的なケア」（family-style care for children）のあり方の表出が職員の語りから検討されている。

（12）Ingrid Sindi and Judit Strömpl, "Who Am I and Where Am I From? Substitute Residential Home Children's Insights into Their Lives and Individual Identities," *Child & Youth Services*, 40（2）, 2019, pp. 120-139. エストニアでは一九八〇年代から九〇年代まで、かつてのソビエト連邦の影響もあり数百人が入るような大規模な施設が残っていた。しかし、この数十年で同国の児童養護施設はより小規模に、そしてより「家族のような」ユニットに再編成された。

（13）乾燥機を使わずに、外で洗濯物を干すことは、ホームS以外の規模が大きい児童養護施設でもありうることではある。ちなみに、洗濯の仕方と「家庭」を結び付けるような言説は観察でもインタビューでも出なかった。

（14）筆者も同じ子どもの様子を見て小規模施設のよさを感じたことが当初あった。小規模施設が始まって数カ月たった夜に、同じ子どもがドラゴンフルーツを食べている姿を見たときだった。以前から食べたいと思っていたそうだ。

（15）デイヴィッド・H・J・モーガン『家族実践の社会学――標準モデルの幻想から日常生活の現実

へ』（野々山久也／片岡佳美訳、北大路書房、二〇一七年）の考え方を適用できるのではないだろうか。

(16) 大塚類「施設を自分の居場所にする」、中田基昭編著、大塚類／遠藤野ゆり『家族と暮らせない子どもたち――児童福祉施設からの再出発』所収、新曜社、二〇一一年、二六―二七ページ

(17) 当たり前の生活とは一体どういったものなのかを一義的には決定できないという問題は、すでに谷口純世が以下のように指摘している。「家庭の構成メンバーの人数、年齢、性別、婚姻関係の有無、血縁関係の有無、就労・就学状況、同居・別居の状態、生計維持方法、生活水準、価値観、ルールなどひとつとして同じものはない。食事という事柄ひとつを取っても、食材の購入や調理のあり方、栄養に関する考え方、頻出メニューのあるなし、外食や店屋物を活用する頻度、家庭構成メンバーそろっての食事か否か、テレビをつけながら食事を摂るかどうかなど「あたりまえ」の姿はさまざまである」。谷口純世「児童養護施設における「あたりまえの生活」に関する課題」（福祉貢献学部論集編集委員会編「愛知淑徳大学論集 福祉貢献学部篇」第六号、福祉貢献学部論集編集委員会、二〇一六年）五ページを参照。

(18) 伊藤嘉余子「児童養護施設入所児童が語る施設生活――インタビュー調査からの分析」、日本社会福祉学会機関誌編集委員会編「社会福祉学」第五十巻第四号、日本社会福祉学会、二〇一〇年

［付記］本章は、JSPS科学研究費の助成を受けた（課題番号18J11676）。

第2部　子どもの教育体制と施設内規律

第4章　児童養護施設で暮らす子どもたちの〈仲間〉と〈友人〉
――施設と学校でともに生きるということ

宇田智佳

はじめに

本章の目的は、児童養護施設で暮らす子ども（施設入所児）同士の関係が、児童養護施設での生活のなかでどのようにして形成され維持されていくのかを明らかにすることである。そのうえで、施設入所児同士の関係がどのような意味を内包するのかについて、学校での友人関係の構築という視座から検討していく。

児童養護施設に関する研究では、児童養護施設退所者たちが「低位な労働生活と稀薄な「社会的ネットワーク」」の相互規定性により形成される「袋小路的」[1]生活を強いられる様相を明らかにした松本伊智朗の研究を嚆矢として、施設退所者たちの多元的な困難や不利が重なった状況が明らかにされてきた。(2) とりわけ、施設退所者たちの社会的ネットワークの希薄性については、虐待経験のトラウマや愛着障害と結び付いたコミュニケーションの困難や児童養護施設への「スティグマ」に苦悩していることを背景に、施設退所後に施設出身者が他者との関係性の構築に困難を抱え、孤立の問題に直面しやすい状況にあることが繰り返し指摘されてきた。(3) このような孤立の問題に対し、施設退所者たちのアフターケアや「自立支援」という視点から、施設退所後の孤立・孤独への対応が検討されてきている。(4) さらに、当事者団体や当事者支援団体が孤立防止に果たす役割も大きいことが明らかにされている。(5) こうした研究では、施設退所者同士が集まることで、孤立防止を図るとともに、施設退所者たちのエンパワメントや居場所形成の機能を当事者団体が有していることが明らかにされている。

以上の研究から、児童養護施設退所者にとって、施設退所者同士で形成されたネットワークが重要であることが示される。さらに、施設退所後の孤立の問題に鑑みると、施設入所児同士のつながりは継続しながらも、家族を頼れない／頼ることが難しい施設入所児が退所前にどのようにして施設外の多様な友人関係を構築していくかが、孤立を防いでいくうえで重要だと考えられる。施設外の友人関係を形成するうえで重要な役割を果たすのが学校である。内田龍史は、小学校段階では校区のなかで施設生活が周知されていることから、施設退所者たちは施設生活に対して不安がなかったが、中学校では校区が広がるため、施設のことを知らない他校区の子どもとの関係で、心理的な負担が大きくなることをインタビューから明らかにしている。(6) こうした指摘を踏まえると、施設退所前の学校段階の友人関係を捉えていくことが、施設入所児たちの友人関係を描き出していくうえでは必要だと考えられる。

本章では、以上のような問題意識から、児童養護施設での生活で施設入所児同士の関係性が形成される背景に迫るとともに、その施設入所児同士の強固な結び付きが学校での友人関係の構築に与える影響を明らかにする。以下ではまず、第1節で先行研究の検討と課題を析出し、続く第2節で調査概要について説明していく。第3節以降では、事例から施設入所児たちの関係性の特徴として挙げられる〈仲間〉関係を形成する背景について記述していく。そのうえで、施設入所児たちの〈仲間〉関係が含意することについて、学校での友人関係の構築への影響という視点から考察していく。

1 先行研究の検討と分析課題

連帯と暴力性を伴った施設入所児同士の関係性

まず、施設入所児同士の関係性を扱った研究を整理していきたい。施設入所児同士の関係性については、主に施設退所者へのインタビュー調査によってその様相が明らかにされてきた。例えば、伊藤嘉余子によれば、「自分と似たような境遇の子どもが複数いる」という安心感や「みんな親と離れているんだという仲間意識」という「子ども同士の連帯」が、施設生活での「安心感」[7]に結び付いているという。長瀬正子も、施設入所によって大勢の特別な友達ができたという施設経験者の語りから、同じ施設入所児を学校の友達とは線引きした特別な存在として捉えていることを指摘している。[8] さらに、大塚類は、施設という生活構造に視点を転換させ、共同生活そのものによって連帯が生じることを指摘する。[9]

一方で、施設入所児同士の関係性は、「子ども同士の連帯」にみられる安心感を得るものだけではなく、葛藤や暴力性を伴ったものにもなりうる。例えば、山口季音は、「暴力の被害を受けた年少の児童が、優越するための手段として暴力を学習することを通して、児童間暴力が再生産[10]」されることを指摘する。さらに、谷口由希子も、「年齢的な序列以上に、権威であり、権力であり、暴力としての「年上」という付加価値[11]」を「たて」の関係に見いだし、同年代に発生する友情関係が「よこ」の関係にみられることを明らかにしている。いずれの関係にせよ、児童養護施設のなかで、「絶え間なく続く他者との関係性のなかで、子どもは何とか自分の「居場所」を探そう[12]」という葛藤を抱えていることが指摘されている。

以上の先行研究から、施設入所児同士の関係性は、連帯（＝安心感）と抑圧（＝暴力性・序列）の双方をもたらしうることが示唆される。ここで、前述の施設退所者たちのネットワークに関する議論と照らし合わせて考えると、学校段階では、友人からのスティグマ付与への抵抗として、施設入所児同士の連帯をみることができる。[13] このように、施設入所児同士の関係性に着目した研究は、その関係性がもたらす連帯や抑圧への着目だけではなく、学校での友人関係を視野に入れて発展してきたといえる。

以上の先行研究の系譜を継ぐ三品拓人は、一連の先行研究は学校での友人関係を議論の俎上に載せたとしても、スティグマやカミングアウトという限定された文脈で議論されてきたと指摘し、スティグマやカミングアウトに限定されない小学校段階の施設入所児同士の関係性に着目し、学校での友人関係と比較するようにして施設入所児同士の関係性の特徴を明らかにした。[14]三品は、友情の社会学という概念から、「施設内の関係は〈仲間〉関係に近く、学校の知り合いが〈友人〉関係に近い」ことを指摘したうえで、「施設内での多様な〈仲間〉関係が形成される一方で、〈友人〉形成が制限される」[15]という児童養護施設で暮らす小学生同士の関係の特徴を明らかにしている。

三品の研究は、スティグマの付与に限定されない施設入所児同士の関係性という新しい視点を導入したことに意義があるが、児童養護施設での生活のなかで形成された〈仲間〉関係と学校での〈友人〉関係という分類にとどまっていて、施設入所児同士の〈仲間〉関係の学校での〈友人〉関係への影響が検討されてこなかった。しかし、施設入所児同士の〈仲間〉関係と学校での〈友人〉関係は、施設入所児たちの生活を描くにあたっては切り離して議論できるものではない。そのため、児童養護施設での共同生活を基盤に形成される施設入所児同士の関係性が、学校生活のなかでどのように立ち現れ、学校での友人関係にどのように影響していくのかについて、その関連性や含意を検討していく必要がある。この点を明らかにすることで、学校での友人関係の形成という新たな視点から、施設入所児同士の関係性を捉えなおすことができるとともに、孤立防止や居場所形成に向けた実践に対する示唆も提示することができる。また、施設入所児たちの生活の全体性があまり明らかにされていないなか、このような生活を包括的に捉える経験的な研究の積み重ねには意義がある。

〈仲間〉関係への着目——友情の社会学

以上にみてきたように、これまでの研究では、施設入所児同士には、学校の〈友人〉関係とは異なる〈仲間〉関係が形成されることが指摘されてきた。それでは、〈仲間〉関係とはどのような関係だろうか。友情の社会学について論じているグレーアム・アランによれば、友人関係が文脈を重視せずに形成される自発的でインフォーマルな関係性であるのに対して、仲間関係には、社会的文脈が大きな役割を果たしていて、文脈が事実上その関係性を規定し、その及ぶ範囲を決めている。[16]さらに、仲間関係は、当事者たちが、多かれ少なかれ狭く限定されたある社会的文脈のなかにたまたまいて、ともに活動することによって存立する。[17]

以上のようなアランの議論をもとに、三品は、学校での子ども同士の関係は、選択が自発的であり、対等であること、特定の文脈に依拠しないことから〈友人〉関係であるのに対して、施設入所児同士の子どもたちの関係は、〈仲間〉関係に近いことを指摘している。[18]本章でも、三品の議論に依拠し、施設入所児同士の関係性が〈仲間〉関係としてどのように形成・維持されていくのかを、社会的文脈に注目して描き出していく。具体的には、児童養護施設での生活が、〈仲間〉関係の形成・維持にあたってどのように規定しているのかを明らかにする。そのうえで、学校での〈友人〉関係、すなわち、自発的でインフォーマルな関係の形成への影響について検討していく。

2　調査概要

調査対象地

本章の調査対象地は、X児童養護施設とX児童養護施設入所児たちが通うY小学校である。X児童養護施設はA県B市に立地し、同じA県内のC市に立地するZ児童養護施設を母体とした小規模グループケアを実施している児童養護施設である。地域分散化・小規模化の潮流のなかで、母体のZ児童養護施設が新築移転となって、同時期の二〇一〇年代にB市に新設されたという経緯がある。

まず、X児童養護施設の概要を述べる。X児童養護施設には、男児が約二十人、女児が約二十人、幼児が約十人の計五十人ほどの子どもたちがいて、男児と女児が別の階に分かれ、それぞれ六人前後の子どもたちがユニットと呼ばれる大部屋で、保育士や指導員など全部で二十人前後の職員と一緒に生活をしている。ユニットは大きく幼児、小学生、中学生、高校生と分かれていて、年齢が似通った子どもたちが同じユニットで生活するようになっている。リビングでは食事をとったり、話をしたりテレビを見たりして過ごす一方で、子どもたちにはそれぞれ個室があり、個室で過ごすこともある。小学生はX児童養護施設全体で十五人である。

次に、X児童養護施設の子どもたちが通うY小学校の概要を述べる。Y小学校は、児童数三百人ほどの学校である。Y小学校に通学している施設入所児数は、一学年二、三人程度であり、全学年で十四人（二〇一七年度）である。Y小学校区の社会経済的状況としては、経済的に安定している家庭も多い一方で、全体の一〇％程度にあたる三十家庭ほどが就学援助を受けている。

両調査地を選定した理由としては、小学校と児童養護施設の双方でのフィールドワーク[19]が可能であることから、施設入所児たちの生活を包括的に捉えられ、学校での友人関係の構築という視点から、施設入所児たちの関係性について検討が可能になると考えたためである。

調査方法

施設入所児たちの〈仲間〉関係の様相を明らかにしていくためには、施設入所児たちの生活を描き出していく必要がある。そのため、「生活に密着し行動と体験をともにするなかでその人びとの社会と文化を自分の目で直接観察し理解し分析する方法[20]」として参与観察という研究方法を採用した。児童養護施設とそこで生活をする施設入所児たちが通学する小学校で参与観察をおこなうことで、施設入所児たちの生活実態を包括的に描出した。

具体的には、以下の期間に参与観察を実施した。X児童養護施設とY小学校で参与観察を二〇一七年九月から一八年十二月にかけて週に一度おこなった。X児童養護施設では、放課後の時間から夕食前までの約二時間に小学生ユニットで参与観察をおこなった。Y小学校では登校時間から放課後までの間に参与観察をおこない、施設入所児たちの様子をフィールドノートに記録した。Y小学校では一七年度は四年生四人を対象に、一八年度は進級した四人に加えて新しく入所した拓也を含む五人を対象に一年間通時的に参与観察をおこなった（表1）。なお、事例中の施設入所児の名前

表1　X児童養護施設の子どもたち（2018年）（筆者作成）

X児童養護施設の子どもたち			
名前	性別	施設入所時学年	そのほか
ナオキ	男	2年	
翔	男	3年	特別支援学級在籍
由香	女	2年	
優馬	男	2年	
拓也	男	5年	

表2　インタビュー対象者（筆者作成）

X児童養護施設職員			
対象者	性別	年齢	X児童養護施設勤務年数
施設長	女	40代	5年
Oさん（臨床心理士）	男	40代	5年
Y小学校教員			
対象者	性別	年齢	Y小学校勤務年数
校長	男	50代	5年
教頭	男	50代	1年
T教諭（4年生担任）	男	30代	4年
K教諭（4・5年生担任）	男	20代	3年
M教諭（児童生徒支援加配）	女	50代	4年
S教諭（特別支援学級）	女	50代	5年

はすべて仮名である。X児童養護施設が主催する行事やY小学校の行事にも参加し、ラポール形成をしながら、そこでのやりとりもフィールドノートに記録した。

また、X児童養護施設職員とY小学校教員に対して半構造化インタビューも実施した（表2）。インタビューをおこなうにあたり、対象者にはインタビューの趣旨を口頭で説明し、論文掲載への同意を得ている。二十分から一時間のインタビューを一対一もしくは一対二でおこなった。なお、インタビューデータの表記の〔　〕は筆者が説明を加えたものである。また、プライバシー保護の観点から表記に変更が必要な箇所や文意が伝わりにくい箇所は、インタビュー内容が損なわれない程度に一部を修正した。

本章での調査は大阪大学人間科学研究科教育学系研究倫理委員会による承認を得たうえで調査を実施し、論文の記載内容については学校長と施設長に確認を得ている。

3　児童養護施設での〈仲間〉関係の形成

本節では、施設入所児たちの〈仲間〉関係がどのように形成・維持されていくのかを、児童養護施設での共同生活という生活構造に着目して検討する。

時間と空間の共有——相互行為の蓄積

　ここでは、児童養護施設のなかでともに暮らし、時間と空間の共有によって連帯を築くという先行研究の指摘を踏まえ、〈仲間〉関係がどのようにして形成されるのかを検討したい[21]。施設入所児たちは施設入所児だけで構成される班で登校し、学校生活のなかでもともに行動することが多く、時間と空間の共有によって連帯を築いていく。

　運動場での学年合同レクレーション。教室での挨拶後、運動場に出る。運動場を歩いていくとき、拓也のところに優馬がやってきて話をする。また、拓也はそばにいた翔のところにもいき、三人で話をしながら移動する。

（Y小学校フィールドノート、二〇一八年六月四日）

　この事例は、転校初日の拓也が同じX児童養護施設の優馬と翔と行動する場面である。入所して間もないころは、似た境遇による安心感を得るという施設入所児たちの連帯が学校生活でも表出しやすいと考えられる。しかし、詳しくは後述するが、施設入所児たちが連帯を実践する様相は継続し、日常的に見かけることができ、学校生活のなかでも時間と空間が共有されていた。また、多くの施設入所児は同じ学年もしくは他学年の施設入所児と下校する。帰宅後は宿題を終えると、同じユニットの子ども同士で遊ぶことが多い。日常的には寝食や遊びをともにし、行事の際には施設行事の準備など、同じユニットを中心にした時間・空間の共有のなかで施設入所児たちの相互行為が蓄積されることで、〈仲間〉関係が形成されていく。

このとき、時間・空間の共有では、施設内のルールや文化が児童養護施設での生活をある程度規定していることに目を配る必要がある。例えば、小学生の全員を対象にプレイセラピーの時間が毎週四十五分間設定されていて、プレイセラピーの時間に合わせて施設内にいなければならないこと、外泊の準備、宿題のほかに施設独自で設定されている十七時の学習時間に間に合うように遊ぶこと、施設行事や行事に向けた準備など、施設文化やルールの存在によって、施設入所児たちの行動は規定され、時間・空間の共有がされやすい状況にあることを、〈仲間〉関係の形成を検討していくうえで確認しておかなければならない。

女児ユニット。週末に施設全体の外出の予定があるため、普段は休日におこなうバレー大会に向けた練習を平日にする。月末にA県の児童福祉施設間で開催されるバレー大会があり、その練習を小学生全員がしている。Yさんは、「宿題優先させてな。できた人から小ホール行っていいよ」と子どもたちに声をかける。子どもたちは宿題を終えると、「待って」「一緒に行こう」と声をかけあいながらホールに行って練習をする。

（X児童養護施設フィールドノート、二〇一八年十月十三日）

この事例からは、休日にはX児童養護施設としての外出があること、帰宅後すぐに宿題に取り組む習慣や行事に向けた練習という共通したルールや文化が生活のなかに埋め込まれていることがみられ、それらを通して施設入所児たちの時間・空間が共有されていることがわかる。このように共有された時間・空間のなかで相互行為が蓄積され、施設入所児たちの〈仲間〉関係は形成されていくと考えられる。

施設入所児同士の〈仲間〉関係の特徴——情報共有とケア役割

以上のように、児童養護施設での生活のなかでは相互行為の蓄積がみられた。加えて、相互行為の蓄積のなかでも、施設入所児たちには児童養護施設での生活をめぐって情報を共有している姿がみられ、そのような姿に施設入所児同士の〈仲間〉関係の特徴を見いだすことができる。

リビングで拓也が宿題の作文の話をして、「何書こう」と悩み、「面会のこと書いていいかな」とつぶやく。すると、ナオキは、「そんな、「面会がありました」って書く人おらんやろ」と、拓也の発言に対してつっこむ。

（X児童養護施設フィールドノート、二〇一八年九月十四日）

ナオキは、作文に書く内容に悩む拓也の「面会」[22]という言葉に反応する。ナオキは「面会」のことを書く人はいないだろうという「「普通の人」の視角」[23]をすでに身につけていて、一般家庭との差異を少なからず意識していることを、この発言から読み取ることができる。また、まだ入所して間もない拓也は、施設入所歴が長い同じ学年のナオキから、「面会」という言葉が児童養護施設以外ではなじみがないものであることを知り、作文の内容の修正を図ろうとしていた。このように、施設入所児たちは学校生活のなかで、児童養護施設内で用いられる言葉を表出させないように振舞うことを共有している。(24) このことは、「児童養護施設」に対するスティグマを意識しながら、児童養護施設出身であることを周囲にカミングアウトすることに苦悩し、施設生活を隠そうとする高校生や退所者たちの姿にも通底する。(25) ただし、ここで留意しておきたいのは、本章が対象にするX児童養護施設の存在がY小学校では周知されていることから施設入所児たちはカミングアウトを伴わない小学校段階にあり、またY小学校ではX児童養護施設の新設にあたり、スティグマは解消されているという点である。(26) それでも、施設入所児たちは一般家庭との差異を意識していて、このような差異をめぐる情報共有が施設入所児同士の〈仲間〉関係を特徴づけると考えられる。

さらに、この事例では、入所して間もない拓也にナオキが教えたように、〈仲間〉関係が児童養護施設での生活のルールや規範を教えるというケア役割を担っていることがわかる。こうしたケア役割は、例えば登校班や行事の場面で学年が下の施設入所児をまとめる、十七時の学習に間に合うように時間を意識して動くように促すというように、ユニットのなかで相互に担っていくようにもなる。

夏休みのお祭りの準備をする。

ナオキは、「この部屋の歴史やねん。みんなでやろうっていうのが。俺がここに来てから……

四年間ずっとそうやったんやで。この部屋の歴史やねん」と、みんなで協力することを周りの子どもたちに強調して伝える。そして、職員のTさんにダンボールをもらい、出し物の看板を作っていく。

（X児童養護施設フィールドノート、二〇一八年八月十七日）

この事例で、ナオキは、年下の子どもたちや入所して間もない同じユニットの子どもに対して、行事準備を「みんなでやろう」ということを強調する。ユニットという限定された社会的文脈にたまたまいて、ともに活動することによって関係が存立するという点、またナオキが積極的にケア役割を担い、それに周囲が倣うことで必ずしも関係が対等ではないという点で、同じユニットを中心とした〈仲間〉関係が形成されていた。

以上から、児童養護施設での生活構造によって、施設入所児たちの〈仲間〉関係が形成されていることが明らかになった。まず、時間と空間の共有という児童養護施設での共同生活そのものによって〈仲間〉関係が形成されることが示された。そして、児童養護施設での生活をめぐる情報を共有して、ケア役割を担うという施設入所児同士の〈仲間〉関係の特徴を見いだすことができる。

このようなことから、児童養護施設での生活を通して施設入所児たちは〈仲間〉関係を形成しているといえる。それでは、施設入所児たちの〈仲間〉関係は、学校生活のなかでどのような様相をみせるのだろうか。次節以降では、本節の議論を踏まえ、学校生活のなかでの施設入所児たちの〈仲間〉関係の様相を学校での〈友人〉関係への影響という視点から考察していく。

4　学校生活での施設入所児同士の〈仲間〉関係

孤立する施設入所児たちと対処戦略としての連帯実践

まず、Y小学校での参与観察とインタビューの結果から、施設入所児たちは、友人関係の構築や学級集団への参加が難しい状況にあり、休み時間や授業場面のなかで孤立しやすい状況にあることが確認できた。例えば、以下のように、グループでの学習に一人参加せず孤立している姿が学校生活のなかで多くみられた。


三限国語。「インタビューの仕方」

　班になり、話し手、聞き手、記録係という役割担当と順番を決めていく。ナオキの班では、順番が決まると、聞き手の人が話し手に対してどんなことを質問したいかイメージマップを用いながら考えていく。

　すると、ナオキは一人本棚のところまで行き、本を読んで話し合いに参加しようとしない。ほかの班の子もナオキを呼びに行こうとせず、そのまま話し合いを続ける。

（Y小学校フィールドノート、二〇一八年五月二十八日）

この事例からは、グループ学習をおこなっているところにナオキが参加せず、孤立している様子を読み取ることができる。ナオキが学級集団へ参加していくことに難しさを抱え、「一人になりがちなところがある」（Y小学校T教諭インタビュー、二〇一八年三月二十三日）一方で、周囲もナオキに声をかける様子はみせず、ナオキが集団のなかに入っていくことがより難しくなる状況が生じていた。

この例のように、施設入所児たちは様々な背景から、学級集団のなかで孤立しやすい状況にあることが確認された。例えば、由香は、里親への措置変更も含めて引っ越しを繰り返していて、これまでの関係性の希薄化や断絶の経験から新たな友人関係の構築に難しさを抱えていた。こうした由香については、「三年生のときに結構トラブルがあると教室に入れなくなって飛び出したりとか、戻ってこれなかったり」したことも多く、「一人でずっと遊んでた」（Y小学校T教諭インタビュー、二〇一八年三月二十三日）と教員たちが語るように、学級集団に参加することが難しいことがわかる。また、特別支援学級に在籍し、「教室にほとんどこない」ことが目立つ（Y小学校K教諭インタビュー、二〇一八年六月二十二日）という翔も由香と同様に学級集団に入ることに困難を抱えている。[27]「拓也くん（略）「一人ぼっちで寂しいねん」って泣きながら私のところに言ってきた」（S教諭インタビュー、二〇一八年十月十六日）という語りからも、背景は様々だが学級集団に参加することが難しい施設入所児たちがそれぞれ孤立しやすい状況にあることがわかる。こうした経験の蓄積から、ナオキが休み時間が終わっても教室に戻らず、「学校嫌やねん」（Y小学校フィールドノート、二〇一八年十月三十日）と話す場面があったように、学校生活をネガティブに捉える様子もみられた。

このようななかで、施設入所児自身が孤立しないように編み出した戦略として、〈仲間〉関係を生かした連帯の形成が考えられる。次の事例のように、連帯することで施設入所児たちは相互に居場所を作り出そうとしているととらえることができる。

体育の授業。学年合同の運動会のダンス練習。翔が練習に加わらないことをF教員が気にかけ、「練習やらへんの？」と尋ねる。翔は「やらんくてもできるもん」と言い、そのままF教員と体育館の扉近くで話し続ける。三十分ほどの練習後、休憩に入る。拓也は扉のそばに居続ける翔のもとに行き、二人で話をして休憩時間を過ごす。休憩が終わるころ、翔のそばを通ったナオキが翔に対して「〔練習〕やりいや」と声をかける。練習が再開し、整列していたナオキと拓也のところに翔がやってきて、三人で話を始める。

（Y小学校フィールドノート、二〇一八年九月十八日）

この事例は、練習に参加しない翔に対して、拓也やナオキが声をかけている場面である。ここで注目したいのは、翔はF教員の声かけには「やらんくてもできるもん」と応じて参加を拒否しているのに対して、拓也やナオキの声かけをきっかけに練習に参加するようになることである。このように、それぞれが学級集団に参加が難しい状況にあって、連帯によって学級のなかで居場所を形成しようとしている施設入所児たちの姿をとらえることができる。そのため、施設入所児たちが連帯を実践する様相は日常的にみられるようになると考えられる。

連帯の切り離しがもたらす孤立

しかし、教員や施設職員の実践によって、これまでみてきたような施設入所児同士の連帯に揺らぎが生じる。例えば、施設入所児たちの暴力性を伴った関係性は学校でもみられ[28]、ときには学級集団を巻き込んだトラブルを引き起こすことから、施設入所児同士で「近づかない」という約束が交わされるようになった。

ナオキが不機嫌そうな様子で帰ってくる。リビングの隅に座り込む。筆者が「どうしたん？」と聞くと、ナオキは「学校でルール決めたけど、あんまくっつかへんっていう。翔が絵の具パレットガシャってなったけど、拭かへんかった」と、顔を歪めながらいらだった様子で話す。続けて、「ほんまうっとうしい」と玄関のほうを見ながらつぶやく。

（X児童養護施設フィールドノート、二〇一八年十二月八日）

この事例は、ナオキと翔が近づかないという約束をしていたにもかかわらず、翔が近づいてきたことを発端にケンカになったとナオキが話している場面である。ナオキが「あんまくっつかへん」というルールを学校で決めたと話しているように、ナオキと翔をはじめとして「愛着のところで引っかかってる子どもたちなので、甘え方がわからないから、（略）境界線がないっていうのかな。（略）距離がすごく近」（X児童養護施設施設長インタビュー、二〇一八年二月九日）いためにトラブルが絶えないことから、学校生活のなかでは施設入所児同士で近づかないというルールがX児童養護施設のなかで追加・共有された。Y小学校もこのようなルールをX児童養護施設と共有し、トラブル回避のためにルールを提示することもあった。そのため、教師や施設職員の実践によって施設入所児たちが離され、連帯が揺らぎをみせることもあった。また、男児のようにトラブルを引き起こさずとも、同じ女児ユニットで生活をする施設入所児が同じ学年にいない由香は、他学年の施設入所児同士と連帯しやすい状況にあった。

しかし、連帯の切り離しや学級で連帯を形成しないことは、連帯によって居場所を形成しようとするほどに学級集団への参加が難しい施設入所児たちが、さらに学級のなかで孤立しやすい状況を作り出すとも考えられる。そのため、ときには先の事例のナオキのように葛藤を抱えたり、実践によって揺らぎがみられたりしながらも、施設入所児たちは孤立しないように連帯してなんとか学級内での居場所を形成しようとしていて、日常的に連帯がみられるのである。

5　友人関係の限定性

さらに、施設入所児たちの〈仲間〉関係そのものが学校での〈友人〉関係を限定的なものにさせるという側面もある。例えば、以下の施設職員Oさんの語りが参考になる。

学校でも、……施設の子同士でかたまったりすることも多くて。……僕らとしてはそれじゃ困るなみたいな。社会が広がらんし。なんかやっぱり縦の関係、上下の関係で、どうしてもその虐待の後遺症というか、服従する人、支配する人みたいな、明確な対人関係をとりやすいから。

（X児童養護施設Oさんインタビュー、二〇一八年八月二十四日）

Oさんは、施設入所児たちの強固な関係性を「かたまる」と表現し、「かたまる」ことによって施設入所児たちの「社会」、つまりは人間関係が広がらないのではないかと懸念している。「かたまる」という閉鎖的な関係性を広げることの難しさに加え、人間関係が広がったとしても、虐待経験から服従する人と支配する人というような非対称的な関係性に結び付きやすいことも施設入所児たちの友人関係を構築していくにあたって大きな課題になる。つまり、連帯によって孤立を防ぐという機能がみられるものの、同時にこの連帯にみられるような施設入所児同士の強固な〈仲間〉関係が、〈友人〉関係を限定的なものにさせている側面がある。

朝休み。由香の友達のミクとナナミが筆者のところにやってきて、「由香を探そう」と言ってくる。ミクは、「たぶん、六年生のところいってると思う」と言い、三人で六年生の教室に行く。由香は、ミクが思ってたとおり六年生の教室にいて、X児童養護施設の六年生のミカの髪をアレンジしていた。

（Y小学校フィールドノート、二〇一八年四月十六日）

この事例の由香のように、学級の〈友人〉関係よりも施設入所児同士の相互作用を優先させる場面が多くみられた。さらに、この事例でミクが由香の行きそうなところとして「六年生のところ」と予想しているように、施設外の子どもたちが施設入所児同士の強固な関係性を認識しているということにも留意する必要がある。ミクやナナミは、由香とミカの相互作用の場に加わるようにして由香とやりとりする場面があった。こうした周囲の施設入所児たちの〈仲間〉関係に対する認識と、施設入所児たちの〈仲間〉関係を優先しようとする志向性が合わさり、学校生活で〈友人〉関係が限定的になりやすい状況が生じると考えられる。

最後に、友人関係の限定という視点に立つと、施設のルールや施設行事も施設入所児たちの友人関係を限定するように作用する。第3節では、児童養護施設での生活構造によって施設入所児たちの〈仲間〉関係を形成することを明らかにしたが、児童養護施設のルールによって施設行事が優先されることで、施設外の友人と遊ぶ機会は限定的なものになる。

由香が週末に学校の友達のナナミと遊ぶ約束をしていた。しかし、X児童養護施設がおこなっている囲碁教室がすでに週末に予定されている。X児童養護施設では、施設行事を優先させているため、遊ぶことができない。由香が控えているナナミの家の電話番号をもとにOさんが断りの電話を入れにいった。

（X児童養護施設フィールドノート、二〇一九年一月十九日）

この事例は、由香が学校の友人のナナミと遊ぶ約束を、施設行事を理由に断る場面である。施設行事の優先に加え、子ども同士の連絡でも、施設職員を介して事務所にある固定電話から連絡をする必要があることも、施設外の子どもたちと遊びにくい状況を生み出していると考えられる。この事例から、施設行事は、時間・空間の共有という点では、施設入所児たちの〈仲間〉関係を形成・強化する一方で、学校での友人と関わる機会を限定的なものにするという逆機能を有していることが示唆される。

これまでの議論を踏まえると、学校生活での施設入所児たちの〈仲間〉関係の様相は、連帯によって居場所を相互に形成し、施設入所児たちの孤立を防ぐという側面がある。その一方で、児童養護施設の生活構造が絡み合いながら、学校での友人との関係性の構築を阻む側面もあるのだ。

おわりに

ここまで児童養護施設入所児たちの〈仲間〉関係がどのように形成・維持されていくのかを明らかにし、施設入所児たちの〈仲間〉関係が学校での〈友人〉関係の構築にどのような影響を与えるのかについて検討してきた。事例から明らかになった知見は以下のようにまとめられる。第一に、施設入所児たちの〈仲間〉関係は、外からのスティグマの付与だけでなく、児童養護施設の生活構造によって形成・維持される。具体的には、時間・空間の共有のなかで相互作用を蓄積して情報共有をおこなっていくことで、施設入所児たちの〈仲間〉関係は形成されていく。第二に、学校生活のなかで孤立しやすい施設入所児たちは、連帯を実践することで居場所を形成しようとしている。第三に、連帯すること自体が〈友人〉関係の構築を制限してしまう可能性があり、また児童養護施設のルールも友人関係を限定するように作用する。

以上から提示される示唆は二点である。

まず、施設入所児たちの〈仲間〉関係がもつ連帯と孤立の両義性についてである。先行研究では、「子ども同士の連帯」が安心感によるものだと指摘されてきた。[29] その一方で、施設退所者たちの孤立の問題は、スティグマやそれに伴うカミングアウトの苦悩、虐待経験のトラウマや愛着障害によるコミュニケーションの困難性が背景として挙げられてきた。[30] 換言すると、連帯や暴力性を伴った施設入所児同士の関係性に着目した研究群と、退所後の孤立の問題を主題とした研究群に大別できる先行研究が蓄積されてきた。本章の事例からは、児童養護施設での生活構造を背景に、小学校段階から〈仲間〉関係が学校生活のなかで表出することで、施設入所児たちの学級での居場所を相互に形成することが可能である一方で、学校での〈友人〉関係が制限されていることが明らかになった。すなわち、施設入所児同士の〈仲間〉関係のために学校での〈友人〉関係を広げることが難しく、孤立の問題へとつながっていくという研究群の接合の可能性を提示したわけだ。施設退所者の孤立をめぐる課題は、小学校段階にまでさかのぼって議論を展開していく必要があることを本章の事例は示している。今後は、〈仲間〉関係が施設入所児たちにとってどのような意味をもつのかについて、さらに検討が必要である。また、孤立の可能性についても、施設退所後の問題として論じるだけでなく、施設入所中の段階から学校を含めた施設入所児たちの生活を包括的に捉え、施設入所児たちと学校での〈友人〉関係に着目した研究の蓄積が求められる。

もう一点の示唆は、施設入所児の〈仲間〉関係に対する学校と児童養護施設での実践についてである。学校生活での施設入所児たちの〈仲間〉関係としてみられた連帯の実践は、施設入所児の居場所を創出する機能をもっていると考えられる。そのため、学校や教師には、施設入所児同士の関係を一定程度保持することは求められるが、一方で孤立の問題を考慮すると、学校での友人と関係を構築できるような支援が求められる。そして、児童養護施設では、施設のルールが学校での友人関係を限定するように作用することから、学校での友人関係の構築を尊重した柔軟なルールの設定の検討が必要であることが示唆される。

本章で扱った事例は、児童養護施設で形成される〈仲間〉関係のうち、同年齢の子どもたちの関係性を中心に描いてきた。しかし、児童養護施設では異年齢の子どもたちの多様な関係性がみられることを踏まえると、異年齢の施設入所児たちの学校生活での関係性も検討していくことで、児童養護施設の子どもたちの生活により迫ることができるだろう。

注

（1）松本伊智朗「養護施設卒園者の「生活構造」――「貧困」の固定的性格に関する一考察」「北海道

大学教育学部紀要」第四十九号、北海道大学教育学部、一九八七年、一一八ページ
(2) 例えば、西田芳正編著、妻木進吾／長瀬正子／内田龍史『児童養護施設と社会的排除——家族依存社会の臨界』(部落解放・人権研究所、二〇一一年) などがある。
(3) 例えば、武藤素明編著『施設・里親から巣立った子どもたちの自立——社会的養護の今』(福村出版、二〇一二年)、伊部恭子「施設退所後に家庭復帰をした当事者の生活と支援——社会的養護を受けた人々への生活史聞き取りを通して」(佛教大学学術委員会／社会福祉学部論集編集委員会編「社会福祉学部論集」第九号、佛教大学社会福祉学部、二〇一三年)、久保原大「児童養護施設退所者の人的ネットワーク形成——児童養護施設退所者の追跡調査より」(首都大学東京・都立大学社会学研究会編「社会学論考」第三十七号、首都大学東京・都立大学社会学研究会、二〇一六年)。
(4) 大村海太「児童養護施設退所者の自立に関する一考察」、駒沢女子短期大学学術紀要委員会編「駒沢女子短期大学研究紀要」第四十七号、駒沢女子短期大学、二〇一四年
(5) 内田龍史「児童養護施設生活者／経験者の当事者活動への期待と現実」(前掲『児童養護施設と社会的排除』所収)、社会的養護の当事者参加推進団体日向ぼっこ編著『「日向ぼっこ」と社会的養護——施設で育った子どもたちの居場所』(明石書店、二〇〇九年) など。
(6) 内田龍史「児童養護施設生活者／経験者のアイデンティティ問題」、前掲『児童養護施設と社会的排除』所収
(7) 伊藤嘉余子「児童養護施設入所児童が語る施設生活——インタビュー調査からの分析」、日本社会福祉学会機関誌編集委員会編「社会福祉学」第五十巻第四号、日本社会福祉学会、二〇一〇年、九〇ページ
(8) 長瀬正子「児童養護施設での生活」、前掲『児童養護施設と社会的排除』所収

(9) 大塚類『施設で暮らす子どもたちの成長——他者と共に生きることへの現象学的まなざし』東京大学出版会、二〇〇九年。また、藤間公太『代替養育の社会学——施設養護から〈脱家族化〉を問う』(晃洋書房、二〇一七年)も、児童自立支援施設でのフィールドワークから、日常的に生活の空間や時間を共有するなかで、互いのバックグラウンドや性格への理解を深め、共感性が養われることを指摘している。
(10) 山口季音「児童養護施設の児童集団における暴力と仲間文化——施設でのフィールドワークから」、日本子ども社会学会紀要編集委員会編「子ども社会研究」第十九号、日本子ども社会学会、二〇一三年、八七ページ
(11) 谷口由希子『児童養護施設の子どもたちの生活過程——子どもたちはなぜ排除状態から脱け出せないのか』明石書店、二〇一一年、一五二ページ
(12) 同書一五五ページ
(13) 前掲『児童養護施設と社会的排除』
(14) 三品拓人「児童養護施設で暮らす小学生男子たちにとっての〈友人〉——子ども同士の関係の質的な違いに着目して」、ソシオロジ編集委員会編「ソシオロジ」第六十四巻第三号、社会学研究会、二〇二〇年
(15) 同論文九〇ページ
(16) G・アラン『友情の社会学』仲村祥一/細辻恵子訳(Sekaishiso seminar)、世界思想社、一九九三年、三九ページ
(17) 同書三九ページ
(18) 前掲「児童養護施設で暮らす小学生男子たちにとっての〈友人〉」

(19) X児童養護施設では、十七時から学習時間を設定していて、担当職員が準備したプリントや問題集にそれぞれ取り組んでいる。筆者は施設長との話し合いのもと、「学習サポーター」として子どもたちに勉強を教えながら学習時間内でのやりとりを記録した。子どもたちや施設職員からは、「お姉さん」と呼ばれ、子どもたちに勉強を教える立場ではあったが、ときにはリビングで絵を描いたり、一緒にボールで遊んだり、テレビを見たりすることもあった。Y小学校でも校長先生との話し合いのもと、X児童養護施設と同様に、学習サポーターとして先生の補助や施設入所児や教室内の子どもたちに勉強を教えながら子ども同士や教師と子どものやりとりを記録していった。施設入所児含め児童からは、学校では「先生」と呼ばれ、子どもたちからは「先生」と認識されていた。

(20) 佐藤郁哉『フィールドワーク 増訂版――書を持って街へ出よう』(ワードマップ)、新曜社、二〇〇六年、四九ページ

(21) 前掲『施設で暮らす子どもたちの成長』

(22) 児童養護施設で暮らす子どもたちの多くには離れて暮らす家族がいて、家族との交流がなされている。家族との交流の一つとして、児童養護施設などで家族と話をする「面会」がある。ほかには、「一時帰宅」や「電話・メール・手紙」などがある。

(23) 田中理絵「養護施設における子どものスティグマに関する研究」「教育社会学研究」第六十三巻、日本教育社会学会、一九九八年

(24) 例えば、X児童養護施設内では、里親との交流経験について話があがる。その一方で、施設入所児たちからは、「里親」など、児童養護施設での生活に関わるような語りが学校のなかではほとんど聞かれなかった。ただし、X児童養護施設での生活を知る筆者といるときは、例えば以下のように里親に関する語りもあった。

由香は筆者に対して好きな食べ物の話を始める。ライチがいちばん好きだという由香は筆者に対し、「X児童養護施設の前の里親さんと一緒にいったんやで。バイキング」と、里親家庭での経験を教えてくれた。

給食の時間。

（Y小学校フィールドノート、二〇一八年十月二十二日）

（25）田中理絵『家族崩壊と子どものスティグマ――家族崩壊後の子どもの社会化研究』（九州大学出版会、二〇〇四年）、前掲「児童養護施設退所者の人的ネットワーク形成」など。

（26）詳しくは稿を改めて論じたいが、例えば、X児童養護施設建設の構想段階で、地域住民の間に、施設入所児たちは暴れる、問題を起こすといった偏見があったという（X児童養護施設施設長インタビュー、二〇一八年二月九日）。そのようなスティグマの解消に向けて、地域住民に対する児童養護施設の理解を深める学習会や研修の実施（X児童養護施設施設長インタビュー、二〇一八年二月九日）、保護者と低学年、中学年、高学年というように学年を分けて、児童を対象とした児童養護施設の説明を書いたプリントの配布（Y小学校M教諭インタビュー、二〇一八年一月二十三日）などが取り組まれた。本章では、先行研究で指摘されてきたように、偏見を内面化し、カミングアウトに苦悩するわけではないが、小学校段階からすでに施設入所児たちが一般家庭との差異を少なからず意識していることに着目したい。

（27）翔が通常学級に来ないことは、X児童養護施設からの要請もある。

X児童養護施設からの要請もあるんです。（教室から）外せるところは外してほしいって。集団はしんどいので。

（Y小学校K教諭インタビュー、二〇一八年六月二十二日）

（28）以下のように施設入所児同士のトラブルが学校生活のなかでは頻繁にみられた。

休み時間の終わり。教室に向かう廊下で、翔とナオキがケンカをしている。翔は、「死ね」とナオキに向かって言う。教頭先生が間に入って、「なんで近寄るん？　離れ」と二人に対して言うが、今度はナオキが翔を蹴ろうと足を伸ばして近づく。

（Y小学校フィールドノート、二〇一八年十月十六日）

（29）前掲「児童養護施設入所児童が語る施設生活」、前掲「児童養護施設での生活」

（30）例えば、前掲『施設・里親から巣立った子どもたちの自立』などがある。

第5章　児童養護施設の職員は子どもの医療化とどう向き合ったのか

吉田耕平

はじめに

本章は、一九八〇年代から二〇〇〇年代に至る時期の児童養護施設内での子どもの問題行動への対処法の変遷をピーター・コンラッドとジョゼフ・シュナイダーの医療化論の視座から検討する。以前であれば、他者への暴言や暴力、威圧的な態度など子どもの問題行動がみられた際、施設職員は叱ることで反省を促すこともあれば、暴れる子どもを力でおさえることもあった。しかし、そうした行為が体罰として捉えられるようになった現在、問題を起こした子どもが、発達障害の診断を受けて向精神薬を服用するという事例が増加している。本章では、子どもの生活施設である児童養護施設で、職員の体罰回避を企図した、養育困難な子どもの治療をおこなうための医療的ケアの導入がどのように進められてきたのかを検討し、また医療化の進行によってみえてきた課題を浮き彫りにする。

本章の参照枠組みである医療化とは、「非医療的問題が通常は病気あるいは障害という観点から医療問題として定義され処理されるようになる過程[1]」のことである。これまでに社会学のなかでおこなわれてきた発達障害をめぐる議論では、主にこの医療化論の視座から、落ち着きのなさやいらだち、衝動性などの問題行動を示す子どもに対して、ＡＤＨＤ（注意欠如・多動症）の診断名が付与され、その先の治療でリタリンなどの向精神薬の服用が促されていることについて検討が重ねられてきた。子どもの行動修正に使用されることになったリタリン（メチルフェニデート）は、一九五〇年代半ばに開発された向精神薬である。六一年に、アメリカの食品医薬品局の承認を受けたリタリンは、六〇年代から、アメリカ国内で多動症の診断を受けた子どもの治療に用いられている。[2]しかし、このリタリンはアンフェタミンの誘導体で、この二つの薬物は化学的に相似し、効果も類似していることから、リタリンが成長過程にある子どもの身体や脳に障害を与える可能性が指摘されている。[3]

また子どもがＡＤＨＤの診断を受けて向精神薬を用いた治療を始める契機については、これまで診断する医師よりも学校の教師による訴えが大きく介在しているという見方が強かった。[4]しかし近年では、アメリカ国内で無料または低額で医療が受けられるメディケイドの受給資格が付与された子どもに、ＡＤＨＤの診断名と薬物療法が広がっているという。[5]このメディケイドには、フォスターケア（里親や児童養護施設などの社会的養護）の子どもも含まれていて、子どもへの向精神薬が、

一般家庭よりもフォスターケアに措置された子どもに対して処方される割合がより高いことが指摘されている。(6)

日本で子どもの問題行動の医療化をめぐる議論がなされるようになったのは、二〇〇〇年代に入ってからで、一般家庭の子どもを中心に研究が進められてきた。特に、学校現場をフィールドに、子どもの問題行動が発達障害という医学的枠組みのなかで解釈されはじめたこと、また医療化の進展が子どもをめぐる新たな統治手段になっていることを批判してきた木村祐子の研究などがある。(7)加えて、アメリカほどではないとしても、児童養護施設に入所した子どもがADHDの診断を受けたあと、向精神薬を服用している事例が増え始めていることは、一三年に筆者がおこなった調査で明らかにした。その後、一九年には筆者と土屋敦が、体罰が禁止され薬物療法が始まったと考えられる一九九〇年代から二〇〇〇年代の児童養護施設を知る職員にインタビューして、児童養護施設での医療化の進行過程を探っている。(8)

こうして、二〇〇〇年代以降、日本でも子どもの問題行動が医療の問題として解釈され、向精神薬を服用する子どもが増加していることが論じられるようになってきたが、これまでの医療化研究では、医療関係者の配置が進む児童養護施設や施設で集団生活になじめない子どもが発達障害の診断を受けて向精神薬を用いた治療に至っているということに議論が及ぶことはなかった。本章では、コンラッドとシュナイダーの医療化論の視座から、児童養護施設の医療化がどのように進行してきたのか、また医療化したことで児童養護施設の子どもの養育にどのような変化がもたらされたのかを検討する。

1　児童養護施設での医療化の起源

まず、児童養護施設での医療化の進行を探るため、季刊「児童養護」や全国児童養護施設長研究協議会の会議資料[9]など、児童養護施設に関する動向や実践報告をまとめた資料の分析をおこなった。その結果、季刊「児童養護」では、刊行された一九七〇年に、子どもの問題行動を取り上げ、翌七一年には、中学生が暴れて同じ部屋の子どもを入院させた事例や、夜に施設を抜け出して小学校の教室でたき火をしていた子どもの事例を紹介していた。こうした子どもの問題行動は家庭の養育力の低下や親の精神状態に原因があるとする見方がなされ、問題を起こした子どもには、問題児や情緒障害児、処遇困難児といった言葉が付与されていた[10]。要するに、六〇年代から八〇年代にかけて、こうした子どもの問題行動は、ホスピタリズムや家庭の養育力低下、親の精神疾患などの文脈で議論が進んでいた。

そして、一九九〇年代に入ると、落ち着きのなさや他児とのトラブルなど子どもの問題行動は、養育環境によって生じたものではなく、脳の機能障害であるADHDこそがその原因であるということを児童養護施設での日々の実践をまとめた季刊「児童養護」などでも紹介するようになり、ADHDの登場と同時に、子どもの問題行動に対する治療として、リタリンの有効性について言及されるようになる[11]。九〇年代は、子どもの権利に関する意見交換が始まった時期であり、養育内容の見直しや改善が多く議論されていた。

例えば、一九九四年四月、日本は子どもの権利条約を批准し、同年五月にはその効力が発生した。それを受けて、九五年に日本で初めての「子どもの権利ノート」を大阪府が発行して、二〇〇四年までに三十八都府県十一都市という全国規模で作成されるに至った。この子どもの権利ノートには、守られるべき子どもの権利と社会的養護で保障される権利が記された。[12] また九八年には、懲戒に係る権限の濫用禁止が児童福祉施設最低基準（現・児童福祉施設の設備及び運営に関する基準、第九条二）に定められるなど、施設に入所した子どもが職員から暴力を受けることを防ぐための法律や制度の整備が進められてきた。懲戒権の濫用禁止を周知するため、厚生省（現・厚生労働省）は施設職員に対して研修の機会を利用することを提案したほか、「子どもの権利ノート」の配付を通じて体罰問題に取り組む姿勢を明確にした。[13]

しかし、東京都立誠明学園の元児童指導員で「東京都子どもの権利ノート」の作成に携わった井上仁の意見に代表されるように、ADHDや被虐待児などへの対応に向けた職員研修や専門機関との連携が進んでいるとはいえないなかで、体罰を防止するための研修をおこなっただけでは、子どもの権利擁護を保障することはできないという見方は根強かった。[14] このような主張に基づいた政策として、一九九九年から被虐待経験がある子どもの治療をおこなうため、児童養護施設などでの心理療法担当職員（心理職員）の配置が進められたほか、厚生労働省は、心理療法の実施には精神科医の意見を聞くことが望ましいという補足を加えた。[15]

それでも、心理職員だけでは子どもへの対応が困難だったことから、二〇〇九年から東京都の児童養護施設では精神科医の配置を進めている。当時、全国児童養護施設協議会制度政策部長だった武藤素明によると、国に対して施設でも治療的アプローチが必要であると、施設職員の精神状態と負担感の調査を実施し、施設機能の見直しを含めた提言をおこなってきたという。[16] こうした児童養護施設の動向に関心を寄せていた日本精神分析学会の元会長の生地新は、心理職員が児童養護施設に配置されるようになり、精神科医が児童養護施設に直接関わることが増えたと、精神科医の業務でも著しい変化があったと振り返っている。[17]

このように、子どもの権利を擁護するための法律が整備されはじめた一九九〇年代から、施設養育のあり方に関心が向けられるようになってきた。そのなかで、これまでおこなってきた職員の行動が体罰として捉えられることを避けるため取り組んできたのが、医療的ケアの導入である。さらに今後は、医療的ケアをおこなうことを目的とした施設へと児童養護施設は移行しようとしている。[18] 次節からは、体罰から向精神薬へと移行が始まった時代と想定される、九〇年代から二〇〇〇年代を経験してきた施設職員へのインタビュー内容を中心に、子どもへの向精神薬がどのように受け入れられてきたのか、体罰から向精神薬へと移り変わるまでの過程をみていくことにする。

2　児童養護施設での医療化の進行

児童養護施設の職員は、子どもへの向精神薬投与とどう向き合ってきたのか。二〇一〇年以降、特に子どもの薬物療法が頻繁になされるようになってきているというZ県の児童養護施設Yに勤務する職員八人から話を聞くことができた。筆者が初めて施設Yに訪問した一七年八月の時点で、入所している子どもの三四・三%が、コンサータやストラテラなどの向精神薬を服用していて、障害の診断はADHDがほとんどだった。〇七年におこなわれた全国調査では、児童養護施設に入所する子どもの五・三%が精神科に通院し、三・四%が向精神薬を服用していたことから比べると、施設Yで薬物療法を受ける子どもの数はきわめて多くなったことがわかる。(19)

二〇一七年当時、発達障害の診断を受け向精神薬を服用している就学前の子どもはいなかったが、就学前から継続して薬物療法を受けている小学生（高学年）の子どもが一人いた。その子どもは、施設にいるときに精神科に通って薬物療法を受けていたが、ほかの子どもは、すべて児童相談所から児童養護施設に措置された時点で向精神薬の服用を始めていた。また、薬物療法を受けていない子どもであっても睡眠時間が十分確保できないときは受診させるようにと、児童相談所の嘱託医から告げられた職員もいた。Z県内のなかでも施設Yは、児童相談所に勤務する嘱託医（精神科医）が所属している病院に近い環境にあるが、子どもは学校が休みになる日曜日に通院しているということだった。インタビューに協力してくれた職員のすべてが子どもへの向精神薬投与を経験し、子どもの担当として精神科通院の付き添いもおこなっている。

発達障害が不在の時代

まず、児童養護施設で子どもの問題行動を発達障害としてみる視角が形成される前と想定される一九八〇年代から九〇年代前半を知る施設職員の語りをみていく。

〔一九八〇年代の〕児童養護施設には、非行や不良と呼ばれるような子どもがたくさんいました。児童養護施設ではなく、教護院〔現・児童自立支援施設〕のようでした。胸ぐらをつかんで殴りかかってくる子どもや、タバコを隠し持ち隠れて吸う子どもがいて火事にならないか、毎日が闘いで、当時は暴れる子どもをおさえつけることもありました。いまだと「体罰だ」とか「虐待だ」っていわれてしまうけど、向かってくる子どもを止める方法は体をおさえるほかなかったわけです。じゃないと自分の身も危ないですからね。

（Aさん、男性、五十代、勤務年数三十四年、二〇一八年三月二十七日）

施設での暴力といえば、子どもから子どもへの暴力や職員から子どもへの体罰を想起しがちであり、子どもから職員への暴力が取り上げられることはあまりないが、現実には子どもの問題行動への向き合い方は、施設関係者らが長年抱えてきた課題だった。一九八三年に児童養護施設Yに入職した職員Aさんも、子どもからの暴力に悩んでいた職員の一人である。ここでAさんがいう教護院とは、九七年の児童福祉法の改正によって児童自立支援施設（児童福祉法第四十四条）に名称変更された施設で、問題行動、特に非行問題を抱える子どもが措置される施設である。現行の児童福祉法では、都道府県などに児童自立支援施設の設置義務が課せられていて、全国に五十八施設あるが、その大多数は公立施設である。八〇年代は、児童自立支援施設に措置される可能性が高い子どもが、児童養護施設にも措置され、「当時は、「児童養護施設も教護院のようになれ」ということが当たり前のようにいわれていた時代」だったと、Aさんは当時の状況を思い出していた。

また一九八〇年の季刊「児童養護」には、児童自立支援施設の中心的活動である「作業指導」に関する特集が組まれていた。作業指導は、ジャガイモやシイタケなどの農作業を通して、子どもの情緒の安定を図ることを第一の目的に置いていたようだが、職業訓練の意味合いも強かったようである。[20]長期的にみて暴れる子どもに作業指導が効果的だったとしても、Aさんの話にあるように入所してすぐ職員に殴りかかってくる子どもを制止する効果はない。その結果、子どもの行動を抑制するための手段として、「おさえるしかなかった」わけだが、ほかに子どもからの暴力を回避するための方法を誰も教えてくれることはなく、Aさんは後悔と反省を繰り返しながら、日々子どもと向き合っていた。

暴力指導員っていわれた人たちと会うたびに、「毎日胃薬を飲んでいるよ」っていう会話が当たり前。子どもにケガをさせたくないから、関節技を覚えて、体を動けなくすることを覚えたりもして、まさか施設でこんな仕事するとは。そうじゃないと「見通しをもった指導」ができなかった時代だったんです。指導方法を変えないといけないっていうのはわかっていても、どういう指導をすればいいか誰も教えてくれるわけでもなかった。だから、叱って落ち着かせて話をする。

ちゃんと役割もあって、私が叱る。そして、女性職員が涙を流しながら、子どものかわりに謝る。本当に涙を流すんですから、年下の私に。これも子どものためだってプライドも捨てて。あとから聞いたら、演技だっていうんですよ。その演技がうまいんですよ。こちらもだまされましたね。当時はそういうふうに役割分担が決まっていたんですよね。もちろん意図的にではなく自然にというか、できていたんですね。

（Aさん、男性、五十代、勤務年数三十五年、二〇一八年十一月二十七日）

日本が、子どもの権利条約に批准した翌年の一九九五年、児童養護施設で職員による子どもへの日常的な体罰がおこなわれていたことがメディアに取り上げられた。その後も、複数の施設での体罰が報道されるなど、職員から子どもへの暴力が社会問題になって児童養護施設の養育に関心の目が向けられた。体罰事件の報道後におこなわれた全国児童養護施設長研究協議会（第五十回東京大会、一九九六年）では、「体罰」をテーマにした研究部会が設けられた。その研究部会の発題者として「体罰禁止の取り組み」を発表した桑原教修は、部会の参加者から「何が体罰禁止だ。それなくして処遇はあり得ない」という意見があったと語っている。[21]会場での施設長のこの発言は、体罰を正当化する発言として捉えることもできるかもしれないが、メディアで報道された子どもが、職員から暴力を受けた背景には、万引きや職員への暴力など子どもの問題行動の対応に追われたという事情がある。本調査に協力してくれたAさんのほかにも、非行傾向がある子どもと過ごしてきた経験がある職員は、力による指導をおこなってきたようだが、意志に反して取った行動だったため反動として自身の心身を壊した職員も多かったという。

力による指導が体罰として社会問題化したことで使用できなくなったこと、それ以降、子どもとの向き合い方も変化してきたことをAさんとCさんは語る。

十年から十五年前というところでしょうか。二〇〇〇年代に入ったころじゃないかな。児童虐待防止法ができたあたり、子どもの権利条約でしょうか。子どもの人権とかいろいろいわれはじめたころあたりでしょうかね。力でおさえつけることができなくなりました。

（Aさん、男性、五十代、勤務年数三十四年、二〇一八年三月二十七日）

虐待……学校での体罰問題が、ニュースで取り上げられるようになりましたね。いまは叱ったら負け、何をしてもダメ。県からも厳しくいわれるようになりました。〔子どもが〕門限の時間を超えて遅く帰ってきたりしても、聞いたらダメ。心配しても不安になってもすべて我慢することがいまの指導です。私はもうすぐ退職ですが、働きづらい職場になってしまいました。これが「家庭的」というんでしょうかね。親が帰りの遅くなった子どもを心配するのは当然のことだと思うんですけどね。

（Cさん、女性、五十代、勤務年数三十八年、二〇一八年十一月十三日）

子どもの権利条約に批准したことによって、日本では懲戒に係る権限の濫用禁止や児童虐待防止などの法制化が進められてきた。一方、現場では、問題行動を示す子どもに対し、職員は正しい判断ではないと理解しながらも、子どもを力でおさえることによって問題解決の糸口を探っていた。しかし、それが人権侵害となって体罰問題として捉えられるようになって以降、職員は、試行錯誤しながら子どもを落ち着かせようとしてきた。さらに、職員から子どもへの暴力がメディアで頻繁に取り上げられるようになり、子どもの行動に気がかりなことがあっても、施設では問いかけることもできなくなってしまい、以前に増して養育の難しさを感じるようになっていた。

発達障害に関する関心の芽生え

前項では、児童養護施設Yでの子どもの問題行動に対する職員の対応についてみてきた。一九八〇年代の施設Yでは、暴れる子どもを職員が力でおさえることもあったが、九〇年代に入り、児童養護施設の養育に関心が集まり、これまで容認されてきた指導法が体罰として捉えられるようになる。それに伴い、力による指導は減少していったようだが、子どもの行動が変容するわけではないことから、施設では「体罰」に代わる新たな対策を講じる必要があった。

叱ったり怒ったりすることが、肯定的に受け止められていた時代がありました。叩くとかはよくないのはわかっていても、叱られることで、自身のおこないを振り返ることもできていたんじゃないかな。まだ心と心が通うものがありました。いまの子どもは、全部人のせい。子どもと大人の立場が逆転してしまいましたね。感情的になったら負けですから、指導が通らなくなってしまいました。

（Cさん、女性、五十代、勤務年数三十八年、二〇一八年十一月十三日）

私の時代〔一九九〇年から勤務開始〕は、終わりかけというか、殴りかかってくるという子どもはいましたが、殴りかかってきたとき、大きい〔年長の〕子どもが止めに入ってくれていましたね。当時は薬がなくても注意しあえる関係がまだあったんです。支え合うみたいな関係が、最近はそういうのがなくなりつつあって、やっぱり薬なんですかね。

（Bさん、男性、五十代、勤務年数二十八年、二〇一八年四月二十日）

いま六年生の子どもで、七年前〔二〇一〇年ごろ〕の幼稚園年長のときに、落ち着きがなくて、どうしようもなかったんです。暴れるもんだから落ち着かせるために、外へ連れ出そうとしても、話は聞かないし暴れるしで何度も怒ったことがあったんですが、病院に通って少しずつ薬の調整をしていまでは落ち着いていますよね。落ち着きを取り戻したことで、コミュニケーションも取れるようになったし、職員との関係もよくなって、実際に薬が必要な場面もあるんだって思ってしまいました。朝、薬が効くまでは落ち着きがないけど、効き始めるころにはピタッと落ち着くもんね。飲む前と飲んだあとでは全然人が違うんだよね。〔向精神〕薬があることで暴力を使わない指導に変わりましたね。

（Aさん、男性、五十代、勤務年数三十五年、二〇一八年八月二十三日）

体罰が禁止されたことで、問題行動がある子どもへの対応措置として、施設Yでは向精神薬を用いた医療的ケアが始まった。特に、一九八〇年代から非行傾向がある子どもと向き合ってきたAさんは、向精神薬を用いることで体罰の必要がなくなったと認識するまでに至っている。一方、薬物治療を受ける子どもをみてきたBさんは、以前はみられた子どもとの関係性が希薄化しているのではないかという思いを抱いていた。

次の引用は、施設Y内での子どもの薬物治療の開始時期に関するCさんの返答である。

> 初めて子どもと精神科へいったのは、昭和五十五年〔一九八〇年〕の十二月で、てんかんの診断を受けていた男児A〔小学生〕がいて通院に。てんかんよりも、かなり荒れていた子どもで、二階のベランダから飛び降りたり、炊事場から包丁を持ち出して振り回したりすることもあって、一度、「死んでやる」って叫んで、川に飛び込もうとしたこともありました。この子どもは、てんかんの薬を飲んでいましたね。危なくて、職員のAさんから「何してんだー」ってよく叱られていましたよ。
>
> 次は、平成に入ってからだから、いつだったかなぁ。元年〔一九八九年〕に入ってすぐだったような。この女児B〔小学生〕も、てんかんの診断を受けていました。リタリンとか、向精神薬は飲んでなくて、てんかんの発作をおさえる薬を飲んでいましたね。
>
> （Cさん、女性、五十代、勤務年数三十八年、二〇一八年十一月十三日）

インタビューに応じてくれた職員のなかでは、勤務年数三十八年と経験豊富なCさんが初めて子どもの付き添いで精神科へいったのが一九八〇年だった。八九年にもてんかんの診断を受けた女児Bがいたようだが、いずれも発達障害の診断を受けておらず、ADHDなどの治療で使用されているような向精神薬は服用していなかったということである。このように、九〇年代までは、ADHDの診断を受けて向精神薬を服用する子どもはいなかったようだが、二〇〇〇年代に入りてんかんと診断を受けた子どもが、ADHDの治療薬リタリンを服用するようになる。

十五年前ぐらいだから。平成十五年〔二〇〇三年〕ごろかな。この男児Cも小学生のときに、てんかんって診断されていたんだけど。薬はたしかリタリンだったはずです。「ボーッ」とするることがあるということで、リタリンが処方されていたと思います。落ち着きがなかったというわけではないですけど、やんちゃな子どもだったことは間違いないです。ただADHDという診断を受けていたわけではないですが、リタリンを飲んでいましたね。

（Cさん、女性、五十代、勤務年数三十八年、二〇一八年十一月十三日）

一年目〔二〇〇二年〕のときに、薬を飲んでいた子どもは一人いましたよ。その子どもは、てんかんっていっていたかな。興奮をおさえるために薬を飲んでいるんだって聞いていました。薬はリタリンですね。万引きしたり、非行傾向がある子どもで、児相の紹介で精神科に通っていましたね。ADHDは聞いたことがなく、当時は、悪いことしているから飲まないといけないんだっていう感じで捉えていました。

（Hさん、男性、三十代、勤務年数十六年、二〇一八年十一月二十九日）

国立精神・神経医療研究センターの中川栄二によると、発達障害にはてんかんの併存や脳波異常が認められる割合が高く、「ADHDに対して使用されるメチルフェニデートは痙攣閾値を低下させる」[22]という。一九八〇年代には、てんかんの診断を受けた男児Aと女児Bに対して、リタリンが治療に使用されることはなかった。その後二〇〇〇年代に入り、再び施設Yにてんかんの診断を受けた男児Cが入所していた。それまでは、リタリンを服用していた子どもはいなかったようだが、施設Yで初めてリタリンを服用した入所者が男児Cということである。

しかし、男児Cをみてきた職員は、てんかん治療のための薬物療法というよりも、万引きなどの反社会的行動を抑制するための手段としてリタリンが使用されていたという認識をもっていた。このことから、リタリンはてんかんによる痙攣をおさえるためのものである一方、問題行動の統制や抑制のために使用されていた可能性も示唆された。

リタリンは少なくとも名目上はADHDよりもてんかんの治療薬として施設Yで使用が開始された。では、ADHDという診断名自体は施設Yでいつごろから認知されはじめたのか。

MBD〔微細脳損傷〕とかADHDは聞いたことがなかったです。研修会でも聞いたことないですね。もう一人薬を飲んでいた子どもがいました。三年目だから、二〇〇五年ごろだったと〔記憶しています〕。その子どもは、学校から児相に相談があって飲んでいましたね。中学二年生のときに、ADHDの診断を受けてから入所したんです。家でも暴れていたみたいで、施設Yでも暴れ、職員も子どもも戸惑っていました。話が通じないというか。大きな声を出してパニックになるし、薬はコンサータですね。そのころからですかね。ADHDを意識するようになったのは。刺激に敏感な子どもがいるんだなって思うようになったのは。高校進学を機に退所して、施設にいたのは一年間だけ、その後〔治療を継続しているのか〕はわからないですね。把握していないです。

（Hさん、男性、三十代、勤務年数十六年、二〇一八年十一月二十九日）

ADHDがまだミニマルブレインダメージシンドローム（MBD：微細脳損傷）と呼ばれていた一九六五年、第十一回国際小児科学会議が東京で開催された。そのなかで、精神科医のレオン・アイゼンバーグが、多動症の子どもに対して、メチルフェニデートやデキストロアンフェタミンが有効であることを報告した。[23] その後、六七年に今村重孝が「Minimal Brain Damage Syndrome について」[24]（日本小児精神神経学会）という主題で論文を発表し、六八年に国際小児科学会議の会頭を務めた高津忠夫が「小児の微細脳損傷症候群」[25]という主題でシンポジウム（第七十一回日本小児科学会総会）を開いた。『小児のMBD』の著者である上村菊朗と森永良子は、六八年の日本小児科学会で高津が多動症について報告したことで日本国内で多動症への関心が広がったという認識を示している。このように日本では、六〇年代後半から多動症に関する議論が小児科学や精神医学の領域を中心におこなわれてきたが、診断基準の曖昧さが指摘されて多動症よりも学習障害に医療関係者の関心が移行したようである。(26)

児童養護施設の関連資料を見ると、ADHDやリタリンに言及されるようになったのは一九九〇年代後半からだったが、施設Yでリタリンによる治療やADHDを意識するようになったのは二〇〇〇年以降だったという。そして施設に保護された子どもは、入所前の児童相談所にいるときに、嘱託医から向精神薬の処方を受けていた。少ない事例だが、施設Yへの入所後に問題行動が子どもに現れたとき、施設Yからも職員が子どもに付き添って精神科に通院していた。こうして児童養護施設でも、子どもの問題行動が医療的に解釈されるようになったということだが、ではどのようにして「問題がある子ども」から「障害がある子ども」へと施設職員の見方が変化したのだろうか。

児童養護施設Yの医療化の進行過程

これまでみてきたように施設Yでも、子どもの問題行動に対して力でおさえることがあったが、現在では体罰の禁止とともに薬物療法で子どもの行動を治療する時代へと移行しつつある。職員が子どもの問題行動を障害として捉えるようになるまでの過程に何があったのか。

ADHDとハッキリとした診断を受けた子どもは、十年から十五年前〔二〇〇三年から〇八年ごろ〕ですかね。二〇〇〇年に入ってからで間違いないですね。Z県では、X病院のI先生〔精神科医〕が児童相談所の所長になったのがこの時期で〔Z県の児童相談所に常勤の精神科医が勤務するようになったのが、二〇〇二年ごろ。以降、児童相談所の副所長、所長の職についている」、このときに初めてZ県の児童養護施設に「発達障害」の知識が入ってきたというのは覚えています。向精神薬による薬物療法も、このI先生が児童相談所に入ってすぐですかね。現在は、J先生にかわっていますが、J先生も児童精神科医ということで児童相談所の仕事をされていますね。

（Aさん、男性、五十代、勤務年数三十五年、二〇一八年八月二十三日）

昔は〔勤め始めた二〇〇〇年代前半〕、日常的に〔発達障害や薬物療法に関することなど〕専門的な言葉を使っていなかったです。多動症……多動は聞きますが、多動症は聞いたことがなかったですね。非常勤ですが、二人の心理士が交代できてくれています。十二、三年前〔二〇〇五年ごろ〕からで、〔発達障害の知識を得るうえでは〕心理士さんの意見をもらえるのも大きかったです。普段は子どものカウンセリングをしてもらっていますが、心理士がいなければ、薬のこととか障害のことに関心をもたなかったと思います。職員が心理士に相談をして、医療機関へという流れでしょうか。まずは心理士に相談してからアドバイスをもらって進めることも多くなってきましたね。

あと、児相とのケース検討をしていますね。精神科医のI先生にも入ってもらって、この子どもは「こういう障害の特徴があってね」というお話をしていただいたりしましたね。二〇〇五年から〇六年、I先生が児相の副所長をされていたときからですね。そこから七年から八年は一年に一回ケース検討会をしてきました。児相の嘱託医がW病院のJ先生にかわってからは、ケース検討会に〔精神科医が〕くることはなくなりましたが、児相が一時保護したら医学的診断をしますよね。その仕事をされているのがJ先生です。そのかわりではないですが、いまは児相の心理士がきてケース検討会をしています。

（Hさん、男性、三十代、勤務年数十六年、二〇一八年十一月二十九日）

児童養護施設での心理職員の主な業務内容は、心理療法のほかに施設職員への助言と指導、ケース会議への出席である。[27] 二〇〇〇年代に入るまでADHDの診断を受けた子どもを受け入れた経験がなかった施設Yだったが、〇五年に心理職員を採用して以降、職員は日常生活のなかで子どもの発達に関する相談をすることができるようになったということである。こうして保護された子どもの診察に加え、心理職員を指導するための医師[28]が、Z県では心理職員の配置よりも少し前にあたる〇二年ごろ、児童相談所に配置された。児童相談所に精神科医が導入されたことを受けて施設では精神科医を交えたケース会議が開催されるようになり、子どもの行動を発達障害としてみることができるようになった。しかし、向精神薬を用いた薬物療法の導入には、職員らは戸惑いや不安を抱き始めていた。

向精神薬……リタリンですよね。いまはコンサータとかいう違う薬になったけど、研修会で聞いたのは、この薬は化学式が一つ違うだけで「覚醒剤と同じだ」っていうもんね。だから、少しでも「減らしたい」、「やめさせたい」って思う。けど、本人は薬がないと不安だっていうし、薬が効いていない朝は、落ち着かないもんね。入所したときは、ほんとどうしようもないやつで、叱ることしかできなかったけど、いまではこんな会話ができるようになるまでに成長してうれしいですよ。だからこそ、飲み続けないといけない環境はできるだけなくしていきたいし、これから大人になっていくにつれて副作用だって出てくるかもしれない。体も大きくなってきたから、薬の量も増えている。「やめさせたい」と思っても、いつまで続くのか。

（Aさん、男性、五十代、勤務年数三十五年、二〇一八年八月二十三日）

リタリンとコンサータは、ともに一般名メチルフェニデートと呼ばれる向精神薬である。薬物依存や濫用が問題視されてきたリタリンにかわって二〇〇七年に承認されたコンサータは、ＡＤＨＤの診断を受けた原則十八歳未満の子どもにだけ処方が認められた。ＡＤＨＤの治療薬として新たに認められたコンサータは、ＡＤＨＤの症状である注意力散漫、衝動的で落ち着きがないことなどの改善を図るものだが、皮膚炎や狭心症などの重篤な副作用があり、六歳未満の子どもに対する有効性と安全性は確立されていない。[29] さらに施設Ｙでは、コンサータ以外にも複数の向精神薬を子どもが服用していた。

私たち職員も、起床してすぐに薬を飲ませるのは大変で、一度に五錠から六錠の薬を飲む子どももいたりするんですよ。コップに水を入れて、朝起こして、薬を飲ませるのがとっても大変。たまに薬を飲ませるのを忘れてしまうと、学校から「今日は薬飲んできましたか」って連絡があるんですよ。一錠でも薬を飲んでいないとわかるみたいで、学校から連絡がくるんです。飲んでいるときとは様子が違うみたいで、すぐにわかるみたいです。本人に確認したら飲んでいなかったり、ズボンのポケットに入っていたりするので、「やっぱり」ということになるんですが。

（Cさん、女性、五十代、勤務年数三十八年、二〇一八年十一月十三日）

病院みたいですよ。職員控室の壁一面が薬だらけになったことがありましたね。ほとんどいまの子どもは、ADHDですね。コンサータが多くて、みんな飲んでいるんじゃないかな。それと、リスペリドン〔商品名・リスパダール〕ですね。あと名前が出てこないですが、ストラテラも飲んでいたと思います。

（Bさん、男性、五十代、勤務年数二十八年、二〇一八年四月二十日）

朝ご飯を食べる前に、薬を飲んで腹いっぱいになることも。医師の指示だし、医師がいうことだから仕方ないけど、寝ていて意識がないところで、「とんとん、薬飲みますよ」ですもんね。朝、子どもを学校に送り出さないといけなかったり、起こさないといけなかったりと人手がないところで忙しいこともあり、「なるべく早く薬を飲んで、お願い」っていう気持ちですよね。こんな言い方するのはよくないでしょうけど、「業務のために〔早く薬を飲んで〕」「薬を飲まなくてトラブルになったらどうしよう」という思いですよ。よくないと思うけど、平穏な朝を迎えるためにも、なるべくにこやかにスムーズに学校へいってくれたら。けどあとから「悪いことしたなあ」って思うんですよ。〔薬を飲ませているとき〕焦ってくると、口調が悪くなってしまっているんだろうなあ。

薬に頼っているのかな。薬に頼ってしまっているよなあ。これさえ飲んでくれたら、静かにしてくれているんだと思う。そう思うだけで、「ぞっ」としてしまうんですけどね。

（Eさん、女性、三十代、勤務年数八年、二〇一八年十一月二十二日）

幼児〔小学校就学前〕のときから投薬〔コンサータ〕が始まるなんて、「ショック」でしたね。まだ幼児さんなのに、〔医師からの説明を受けて〕生活がしやすくなるのであれば、「仕方ないのかな」って。それと、入所してから私が担当してきた子どもだったので、養育のなかで「何が悪かったのかな」って。自分を責めてしまっていましたね。幼児期は、人生のなかでいちばん大切な時期ですよね。施設のなかでも幼児を担当していたのは私だけだったのでよけいにそう思ったのかも。途中から補助の先生が入ってくれて養育内容を見直し、改善することもできるようになったのですが。

（Gさん、女性、三十代、勤務年数十年、二〇一八年十一月二十九日）

ストラテラは、中枢刺激薬とは異なる薬理学的特性をもつ非中枢刺激性のADHD治療薬として二〇〇二年にアメリカで承認された。以降、日本でも〇九年に承認された治療薬だが、コンサータと同様、六歳未満の子どもでの有効性と安全性は確立されていないほか、重篤な副作用として肝機能障害やアナフィラキシーが指摘されていて、自殺関連観念や自殺関連行動なども報告されている。それ以外に、統合失調症と自閉スペクトラム症の治療薬として知られているリスパダールを服用している子どもがいることも、施設職員へのインタビューによって確認することができた(30)。

また、Z県の児童養護施設の家庭支援専門相談員が集まるケース会議に参加した職員Dさんによると、ほかの施設でも発達障害の診断を受け向精神薬を服用する子どもは増加傾向にあるということだった。そうしたなかで、入院治療が必要なほど重い精神疾患や障害を抱えているわけではないのに、医師の方針によってたびたび入院を勧められ、子どもが入退院を繰り返している施設があるという。ケース会議に参加していた施設Yを含めほかの施設では、子どもの問題行動や発達障害を理由に精神科に入院する事例はなく、Dさんは会議のたびに入院から退院までの対応について詳しく話す施設があることに衝撃を受けていた。

3　まとめ

本章では、児童養護施設で子どもの問題行動が障害や病気として解釈され、治療されるようになるまでの過程に焦点を当て、実際に向精神薬を服用している子どもと関わってきた職員の語りを中心にみてきた。以下では、コンラッドとシュナイダーの医療化論を参照しながら、日本の児童養護施設でみられた体罰が向精神薬を用いた治療へと移り変わるまでの過程を考察しまとめとする。

まず施設職員の語りから、一九八〇年代から九〇年代までは、発達障害の診断や向精神薬を服用する子どもはいなかったことを確認できた。九四年に子どもの権利条約に批准するまでは、子どもの問題行動が発達障害など医療的に解釈されることはなく、非行傾向がある子どもや暴力を振るう子どもに対して、職員は体を張って暴れる子どもをおさえていた。しかし、二〇〇〇年代に入ると、てんかんの診断を受けていた子どもが、これまで用いられることがなかったＡＤＨＤの治療薬リタリンを服用するようになったほか、落ち着きがなく暴れる子どもに、ＡＤＨＤの診断が下されるようになっていった。

医療化が進行しはじめた二〇〇〇年代について職員に尋ねたところ、施設ＹがあるＺ県では、児童相談所に精神科医の配置が進められ、施設Ｙには「医療による社会統制の担い手[31]」といわれている心理職員が採用されていた。児童相談所に配置された精神科医は施設Ｙのケース会議に参加するようになり、職員は子どもの性格や行動に関する相談をもちかけて助言やアドバイスを受けるようになっていた。この時期から精神科医と施設職員との関係が密接になり、職員が子どもの対応に苦慮するようになったときに精神科に通院するようになったと考えられる。

このようにして児童養護施設の医療化が進行し、子どもの問題行動にＡＤＨＤなどの医学的診断名が用いられ解釈されるようになったことについて、医療化論の視座からは、児童養護施設に新たな統制手段が導入されたと解釈することも可能だろう。一九八〇年代までの施設内での子どもの問題行動については、もっぱら職員による力による抑え込みを主要な統制手段として施設内秩序の安寧が図られていた。他方で、子どもの人権が声高に叫ばれ始め、体罰がタブー化していく九〇年代後半から二〇〇〇年代初頭になされた施設の医療化は、子どもの問題行動を力で抑えるのではなく、ADHDという診断名の付与を経由して、問題行動自体を向精神薬などの薬物療法によって統制することを可能にした。児童養護施設内での子どもの問題行動への対処は、施設内の体罰のタブー化に呼応して、その統制手段を「体罰から向精神薬へ」と大きく変容させたということができる。

また、児童相談所への精神科医の導入を契機とする施設の子どもの医療化の進行過程のなかで、施設Yでは措置時にすでに薬物療法が開始されている事例を数多く抱え込むことになった。終わりがみえない治療が続くことに職員は不安を募らせていて、覚醒剤に類似する成分をもつ向精神薬の副作用を心配する声や、退所後向精神薬に依存した生活を送ることを危惧する語りが多く出された。しかし、施設Yで生活する子どものなかには、向精神薬があるからこそ落ち着いていられる子どももいることから、職員の危惧だけを理由に投薬を中断することができない、という、医療化されたために生じた施設の子どもの生活に対する忸怩たる思いを吐露する職員も多くいた。

おわりに

本章では、一九八〇年代から二〇〇〇年代の施設Yで生じた子どもの問題行動の医療化の軌跡をたどってきた。そうした過程で精神科医が児童相談所に配置されたことによって、施設に保護された子どもは障害の診断が付与されやすく、向精神薬を用いた薬物療法に至るという事例が増えていったが、ADHDなどの障害の診断を受けた子どものなかには向精神薬を投与されていない子どもも複数いた。同じ施設で生活する子どものなかでも、ADHDという診断が付与され、薬物療法に進む子どもと、診断が付与されても薬物療法に進まない子どもがいるのはなぜなのか、そこには施設内の問題行動の薬物療法による統制という文脈がどの程度関与しているのか。施設内にこうした個々の子どもに対する対応の差異があることも、本章の最後に記しておくことにする。

注

（1）P・コンラッド／J・W・シュナイダー『逸脱と医療化——悪から病いへ』進藤雄三監訳、杉田聡／近藤正英訳（MINERVA社会学叢書）、ミネルヴァ書房、二〇〇三年、一ページ

（2）同書

（3）レオン・R・カス編著『治療を超えて——バイオテクノロジーと幸福の追求 大統領生命倫理評議会報告書』倉持武監訳、青木書店、二〇〇五年

（4）前掲『逸脱と医療化』

（5）Center for Health Care Strategies, “Improving the Appropriate Use of Psychotropic Medication for Children in Foster Care：A Resource Center” 2018.

（6）Susan dosReis, Yesel Yoon, David M. Rubin, Mark A. Riddle, Elizabeth Noll and Aileen Rothbard,

"Antipsychotic Treatment Among Youth in Foster Care," *Pediatrics*, 128 (6), Dec, 2011, e1459-1466, Leslie Sinclair, "Are Psychotropics Overprescribed for Children in Foster Care?," *Psychiatric News*, Feb.3, 2012, Ramesh Raghavan, Bonnie T. Zima, Ronald M. Andersen, Arleen A. Leibowitz, Mark A. Schuster and John Landsverk, "Psychotropic medication use in a national probability sample of children in the child welfare system," *Journal of Child and Adolescent Psychopharmacology*, 15 (1), Feb. 15, 2005, pp. 97–106、デイヴィッド・ヒーリー『ヒーリー精神科治療薬ガイド 第5版』田島治／江口重幸監訳、冬樹純子訳、みすず書房、二〇〇九年、一七五ページ

(7) 木村祐子『発達障害支援の社会学――医療化と実践家の解釈』東信堂、二〇一五年

(8) 吉田耕平「児童養護施設の職員が抱える向精神薬投与への揺らぎとジレンマ」、福祉社会学研究編集委員会編「福祉社会学研究」第十巻、福祉社会学会、二〇一三年、吉田耕平／土屋敦「体罰から向精神薬へ――Z県の児童養護施設Yで働く施設職員の語りから」、徳島大学「地域科学研究」第九巻、徳島大学総合科学部／徳島大学大学院ソシオ・アーツ・アンド・サイエンス研究部／徳島大学総合科学教育部、二〇一九年

(9) 全国養護施設協議会編『養護施設の半世紀と新たな飛翔――第五〇回全国養護施設長研究協議会記念誌』全国社会福祉協議会全国養護施設協議会、一九九六年、全国社会福祉協議会養護施設協議会編『養護施設の40年――原点と方向をさぐる』全国社会福祉協議会、一九八六年、全社協養護施設協議会「養護施設三十年」編集委員会編『養護施設30年 資料篇』全社協養護施設協議会、一九七七年、全社協養護施設協議会調査研究部編『全養協二〇年の歩み』全社協養護施設協議会、一九六六年

(10) 吉沢英子／平本善一／大坂譲治／林博／豊田俊雄／編集委員会「第二回座談会 新しい施設養育の確立をめざして――施設の中における養育の問題」「児童養護」第二巻第二号、全国社会福祉協議

会・全国児童養護施設協議会、一九七一年
(11) 西川信「『ADHD』の子どもとのかかわりのなかで」「児童養護」第二十九巻第四号、全国社会福祉協議会・全国児童養護施設協議会、一九九九年
(12) 長瀬正子「全国の児童養護施設における『子どもの権利ノート』の現在――改訂および改定の動向に焦点をあてて」、佛教大学学術委員会／社会福祉学部論集編集委員会編「社会福祉学部論集」第十二号、佛教大学社会福祉学部、二〇一六年
(13) 厚生省「懲戒に係る権限の濫用禁止について」厚生省、一九九八年
(14) 井上仁『子どもの権利ノート』明石書店、二〇〇二年
(15) 厚生労働省「家庭支援専門相談員、里親支援専門相談員、心理療法担当職員、個別対応職員、職業指導員及び医療的ケアを担当する職員の配置について（雇児発0405第11号平成24年4月5日）」厚生労働省、二〇一二年
(16) 吉田恒雄／石塚かおる／武藤素明／佐藤隆司／二宮直樹／川崎二三彦「座談会 児童福祉のこの10年を振り返る――児童家庭相談／社会的養護の現場からの報告」、「子どもと福祉」編集委員会編「子どもと福祉」第二巻、明石書店、二〇〇九年
(17) 生地新『児童福祉施設の心理ケア――力動精神医学からみた子どもの心』岩崎学術出版社、二〇一七年
(18) 新たな社会的養育の在り方に関する検討会『新しい社会的養育ビジョン』厚生労働省、二〇一七年
(19) 厚生労働省雇用均等・児童家庭局家庭福祉課「平成19年度社会的養護施設に関する実態調査 中間報告書」厚生労働省、二〇〇八年。施設職員へのインタビューに関しては、事前に研究の目的と内容を施設長に説明し、同意を得たあと、研究協力者には文書と口頭で、研究の目的、調査の趣旨、デー

タの取り扱いなどを伝えた。また協力者の氏名や施設名を伏せること、個人が特定されないように配慮することを申し添え、掲載承諾を得ている。なお、本章での調査は、東北文教大学研究倫理審査委員会の承認を得て実施している。

(20) 藤野興一／中村一之／村上基子／宮武貞輝／小野寺茂／上栗頼登「座談会 労働の大切さをどう教えるか―その指導をめぐって」「児童養護」第十一巻第一号、全国社会福祉協議会・全国児童養護施設協議会、一九八〇年、滝口桂子「施設における子どもの生活と労働」同誌、陽清学園「施設レポート 作業指導の実践」同誌

(21) 桑原教修「論壇養護を社会化すること」「児童養護」第四十八巻第一号、全国社会福祉協議会・全国児童養護施設協議会、二〇一七年、二一―三ページ

(22) 中川栄二「発達障害とてんかん」、認知神経科学編集委員会編「認知神経科学」第十八巻第一号、認知神経科学会、二〇一六年、一一ページ

(23) L. Eisenberg, "Psychiatric aspects of the management of the retarded child (with special reference to the treatment of hyperkinesis)," 11th ICP, 1965, Tokyo.

(24) 今村重孝「Minimal Brain Damage Syndrome について」、日本小児精神神経学会編「小児の精神と神経」第七巻第四号、日本小児精神神経学会、一九六七年

(25) 高津忠夫「解説」、診断と治療社編「小児科診療」第三十一巻第九号、診断と治療社、一九六八年

(26) 上村菊朗／森永良子『小児のMBD――微細脳障害症候群の臨床』(小児のメディカル・ケア・シリーズ)、医歯薬出版、一九八〇年

(27) 前掲「家庭支援専門相談員、里親支援専門相談員、心理療法担当職員、個別対応職員、職業指導員及び医療的ケアを担当する職員の配置について(雇児発0405第11号平成24年4月5日)」

(28)厚生労働省「児童相談所運営指針の改正について 雇児発第0214003号平成17年2月14日」厚生労働省、二〇〇五年

(29)医薬品医療機器総合機構ウェブサイト参照のこと。

(30)医薬品医療機器総合機構ウェブサイト参照のこと。

(31)前掲『逸脱と医療化』四五九ページ

［付記］本章は、編著者の土屋敦と筆者が二〇一九年に徳島大学の「地域科学研究」第九巻（徳島大学総合科学部／徳島大学大学院ソシオ・アーツ・アンド・サイエンス研究部／徳島大学総合科学教育部）に投稿した論文「体罰から向精神薬へ――Z県の児童養護施設Yで働く施設職員の語りから」を改稿したものである。

第６章　母子生活支援施設の母親規範を問う

——介入手段としての生活の決まりに着目して

平安名萌恵

はじめに

シングルマザーを取り巻く問題は、就労や経済的困窮以外にもＤＶや疾病、精神的疾患など多岐にわたる。母子世帯ごとに解決すべき課題は異なっていて、世帯ごとのニーズに応えるきめこまやかな支援が求められている。支援活動の背景にあるジェンダー規範に注目した社会福祉学の研究では、従来の「母親規範」に沿った画一的なシングルマザー支援のあり方が問い直されるようになり、被支援者の主体性に配慮した支援をするための議論が進められている(1)。

母子世帯のなかでも、就労支援だけでなく、養育、生活支援、保護など、様々な支援を必要とするシングルマザーが入居しているのが母子生活支援施設である。母子生活支援施設は、児童福祉法

第三十八条によって規定される児童福祉施設の一つであり、社会的養護、あるいは保護や生活支援を必要とする母子世帯、それに準じる世帯が、退所後の自立を目指して支援を受けることができる。二〇二〇年度時点では全国に二百十二カ所あり、三千世帯あまりが施設に入居している。[2] 入居者は、夫のDVから逃れるためや、借金や金銭的な問題を抱えて住む場所を失ったなどの理由から施設への入所に至る。現在、母子生活支援施設の支援でのジェンダーに焦点を当てた研究では、施設が入居者に対して母親規範に従うことを求めることで入居者の主体性が奪われてしまう点が批判的に検討されている。しかし、それらの先行研究では施設批判と職員擁護に結論が二極化してしまい、施設の支援活動のなかで具体的にどのように母親規範が存在しているのか、その実態はいまだ明確になっていない（詳しくは後述する）。

以上を踏まえ、本章では、母子生活支援施設の生活の決まりに対する職員の語りに注目し、そこに母親規範がどのように現れるのかを明らかにする。生活の決まりは、施設側が求める支援方針と入居者側の実際の行動との交渉／衝突のなかで形成される。生活の決まりに対する職員の認識を分析することで、施設が入居者にどのような母親像を求めているのかを、より立体的に照らし出すことができると考える。

本章では、まず母子生活支援施設の規範意識を考察した先行研究の問題点を整理する。そのうえで、母子生活支援施設でのフィールドワーク調査結果をもとに、職員の施設の生活の決まりに対する語りを分析し、支援の現場では母親規範がどのように立ち現れ、施設のなかで正当化されるのかを考察する。そこから、施設で母親規範が要請された背景として、「リスクに脆弱な存在」という入居者に対する認識と、入居者への支援の限界という自らの業務に対する認識、この二つが職員側に存在していることを指摘する。(3)職員は、入居者が直面するリスクに対応しなければならないが、自分の業務範囲を超えて支援できないことや、入居者の自己決定を尊重しなければならないことなど、入居者への介入には限界があると認識していた。そして、入居者に対するリスク対応の必要性と介入の限界というジレンマに折り合いをつけるために、生活の決まりというルールを用いて、直接的・間接的な介入をおこなっていた。本章では、職員がこうした直接的・間接的な介入の論理を正当化するものとして母親規範を用いていることを明らかにする。結論として、これまでの母子生活支援施設研究では施設の制度に含まれるジェンダーバイアスを指摘する点に議論が集約される傾向にあったが、本章では、社会的なケアの充実を通して職員の業務上の選択肢や資源を実質的に増やすことが、母親規範によらない支援を実現するための一つの可能性であることを示唆する。

1　研究背景と問題設定

母子生活支援施設研究と母親規範

母子生活支援施設は、一九九八年まで母子寮と呼称されていた施設であり、四七年に設置根拠法が生活保護法から児童福祉法へと変わって現在に至る。全国母子生活支援施設協議会（全母協）は、母子世帯が抱える問題やニーズの変化に合わせて、施設の支援目的や役割機能について方針を出している。近年では、二〇一一年に厚生労働省から今後の社会的養護の方向性を示す「社会的養護の課題と将来像」が示されたあと、それに合わせて全母協は一五年に、地域の社会福祉施設として社会的養護の機能を高めるという目標や、母子世帯の支援ニーズを把握しなおして支援目標を改訂した『私たちのめざす母子生活支援施設（ビジョン）』[4]を表明している。

母子生活支援施設研究のなかでも、施設支援でのジェンダーに注目した研究では、母子生活支援施設の運営指針を定めた前述の政策や制度に含まれる母親規範が批判的に検討され論じられてきた。[5]例えば、これまでの母子生活支援施設の方針では、児童の福祉が優先事項とされ、母親に対する支援が抜け落ちていることがしばしば指摘されてきた。湯澤直美は、一九五〇年に旧厚生省が出した母子寮運営要綱から、九六年に全母協が出した「21世紀に向けて家庭・家族福祉の拠点を目指す――地域母子ホーム構想　ローズプラン」に至るまでの要綱や報告書での「母親」や「女性」の位置づけを整理した。[6]そのうえで、九六年のローズプランでは、母親の女性としての自己実現も支援の対象とされるようになるという記述の変化がみられることに一定の評価を示しながらも、それ以前の支援政策では「女性＝母親規範」が強調されていて、母子一体型支援が目指されていたことを指摘している。母子生活支援施設と母性イデオロギーの結び付きを分析した今市恵は、湯澤が評価を示したローズプランでも「女性の自己実現」「母親規範」が連動するものとして記述されていると指摘して、施設の職員には「一個人として女性であるが故に経験してきた様々な家庭を大切にし、人間として『自分らしく生きることを目指す』のではなく、「母として生きる」という「母性性」につなげる」[7]ジェンダーバイアスがある、と批判している。また、宮本節子は、そもそも母子生活支援施設の設置根拠法は児童福祉法であり、そのことが原因で入居女性を母親規範から切り離すことができないのだとしている。[8]すなわち、母子生活支援施設では子どもの福祉の保障が優先事項とされ、入居者に対して母親規範を果たすように施設側が介入している点が問題化され、職員に及んでその支援実践のあり方が批判されている。

ただし、ここまでの指摘はそれぞれ、施設の歴史分析や運営方針の分析をもとにしたものであり、その検討範囲はあくまで政策上のものに限られる。あるべき支援を構想するうえでは、政策的な状況とともに施設運営の実際の理解も望まれるが、これまでの研究では母親規範やそれに裏打ちされた制度が、施設の現場でどのように実践されるかに分析が及んでいない点で課題を抱えていた。

このような先行研究に対して、施設職員へのインタビュー調査やフィールドワーク調査をもとに現場レベルから分析[9]したのが横山登志子である。横山は、施設が母親規範を求める背景には、母子世帯の母親は、「標準家族から周辺化された母親規範（育児責任）の遂行者として母子ユニットで福祉の対象とされてきた政策的な歴史[10]」があるとした。つまり、「「児童の福祉」に従属する「母親の福祉[11]」」として構築された施設の政策は、母子世帯に対する偏見やスティグマを含んでいると分析したわけだ。横山は、自身のフィールドワーク調査をもとに、施設職員の支援実践にも母性を前提とした本質主義的な「母親なら〜すべき」という母親規範があるとして、伝統的な性規範にとらわれず、一人の人間に対する支援の実施が支援者に求められると指摘する。[12]そして、「母子福祉実践を行う支援者は自らが暗黙に理解している母親理解の傾向がどのような規範に彩られているか[13]」を批判的に検討するべきという課題を立てた。

横山は職員に対するインタビュー調査や職員のケースワーク事例を分析した一連の研究で、職員が入居者の過酷な成育歴や同じ女性としての立場を考慮しながら、伝統的な性規範にとらわれずに母親理解をして支援を実施していると考察している[14]。このように横山の研究は、一方的な施設・支援者批判に陥りがちな既存の研究に対して、現場での職員の規範をめぐるジレンマや入居者の葛藤に寄り添う姿を示した点に意義がある。

しかし、いまなお職員が具体的にどのように母親規範を捉えて支援し、その結果として規範が維持されているのかについては十分に議論されていない。こうした点は、福祉の向上を念頭に置く横山の社会福祉学的視点と本章の社会学的視点の違いにもよるが、「母子生活支援施設と母親規範」の議論を次に進めるうえでは、施設批判／擁護という一面的な議論を超えて、支援現場で母親規範がどのように用いられているのかを精緻に理解する必要がある[15]。本章は、職員がどのように母親規範を利用しながら入居者との距離を調整し介入しているのか、そしてそれを正当な支援と見なすのかについて、生活の決まりに対する職員の認識のあり方を通して分析する。そうすることで、現場の実態を視野に入れながら、施設での構造的な力関係を再考することができ、入居者の権利遵守に向けてよりいっそうの実効性がある論点を見いだせると考える。

生活の決まりと母親規範

本章では、生活の決まりに対する職員の語りに焦点を当て、職員が入居者にどのように母親規範を求めているのかを検討する。母子生活支援施設の生活の決まりとしては、多摩同胞会が運営する母子生活支援施設である白鳥寮と東京都網代ホームきずなの例を挙げる。これら二つの施設は「利用者である母子が何よりも求めるものは、生活の場における快適性である」として、「自立の支援を念頭に置きつつ、人間としてのごく当たり前の、住み良い生活の場を用意すること[16]」を目指して、生活の決まりを設けている。生活の決まりとしては、門限、外泊の職員への申告、外出の職員への申告、ほかの部屋への訪問の制限、生き物飼育の禁止、欠勤・欠席の職員への伝達、金品貸し借りの禁止、宗教活動の禁止、寮内保育の利用可能時間、来客・来泊の施設による許可、ごみの出し方、掃除の当番制などが挙げられている[17]。入居者は、暴力被害、虐待、精神的不安定、家計管理など、様々な生活課題を抱えていて、なかには「基本的な生活習慣[18]」を身につけていない者もいるなかで、そのような人々が一つの施設に入居することから、こうした生活の決まりが設けられている。

しかし、母子生活支援施設研究では、職員と入居者の間でコンフリクト（衝突）が生じる要因の一つとして生活の決まりがしばしば事例として挙げられている。とりわけ、生活の決まりの遵守を厳しく求めてくる職員に対する入居者の不満は、アンケート調査にはっきりと表れている[19]。堺恵は、門限という決まりが入居女性に閉塞感を与えていることを指摘し、「「門限があること」を含む「施設の規則」については、入所者と職員とで話し合いの場を設けて、民主的なプロセスを経て決定する必要があろう[20]」とする。武藤敦士は、二〇一四年度『母子生活支援施設実態調査報告書』を参照しながら、母子生活支援施設利用世帯の半数以上が二年以内に退所していることを指摘する。それらの退所ケースのほとんど（八〇％以上）が母子の意向に沿った決定であることについて、これらのケースのなかには、「こんな所にはいたくない」「職員に干渉されるくらいであれば地域のアパートで生活したほうがましだ」といった退所意向も含まれている可能性があると述べている。[21]つまり、こうした生活の決まりは入居する母親の息苦しさを生み、結果的に、母子の退所を促していると考えられる。本調査対象である施設Xでも過去五年の退去理由に希望退所が含まれていて、年度によっては約半数を占めるときもあることがわかっている。施設の職員との間に存在するコンフリクトは、支援が必要な母子世帯が施設に居続けることができずに社会的なケアから遠ざかってしまうという深刻な問題を生じさせている可能性がある。

今市は、施設職員が母性を前提とした母親規範を背景に、門限など生活の決まりを設けて、入居者を律していると指摘している。[22]それならば、生活の決まりをめぐる職員と入居者のコンフリクトには、職員が望む母親規範と入居者が望む生き方とのすれ違いが表れていると捉えることが可能である。本研究では前述の想定のもと、施設の決まりに対する職員の認識を捉えることで、母親規範が職員からどのように求められて施設に存在しているのかを明らかにする。

2 調査対象と調査方法

この研究では、施設Xの職員へのインタビュー調査結果を分析の対象とした。調査者は、二〇一九年七月から二一年六月まで、母子生活支援施設Xで学生サポートスタッフとして、施設入居者と利用者の母子と関わりながら参与観察調査をおこなった。施設には週二日から五日通って施設での支援活動に関わりながら、施設職員や施設入居者の振る舞いや会話を観察して、帰宅後にその日の出来事をフィールドノートに記入した。また、参与観察時に疑問に思った点については、そのつど質問をして、インタビューの際に聞き取りをした。調査を実施するにあたり、事前に研究の目的などの概要と、調査を実施するうえでのプライバシー保護といった倫理的配慮について施設長とそのほかの職員に文章と口頭で説明して同意を得ている。研究では、生活の決まりについて回答してくれたインタビュー対象者として、職員A（施設長／勤務歴五年以上）、職員B（個別相談員／勤務歴三年）、職員C（母子支援員／勤務歴四年）の語りを用いる。それぞれ、一時間から一時間半の半構造化インタビューを二回程度おこなった。この三人はほかの職員と比較して勤務歴が長く、施設での支援経験や生活の決まりについての見解を詳細に述べていることから、本章では主な分析対象として職員A、職員B、職員Cのインタビューを用いている。

この調査は沖縄県内にある母子生活支援施設Xで実施した[23]。施設Xの定員は約二十世帯[24]で、平日は常に二十人程度の職員が勤務している。施設Xは、入居母子世帯の自立支援・生活支援のほかにも、地域に住む母子世帯の子どものショートステイや緊急一時保護、そして学童・保育室での児童の預かり支援を実施している。施設Xの入居者の入居理由は主に、暴力や経済状況、入所前環境不適切である。施設Xの二〇一九年時点の入居者（母親）の平均年齢は三十二歳で、一六年から二十歳未満の女性が常に一〇％を占めるようになるなど若年シングルマザーの入居者が増加傾向にある。一九年時点で、入居者の学歴は高卒・中卒が約六〇％を占めている。同年の施設Xの全入居世帯のうち、生活保護世帯は五〇％以上であり、施設Xの入居者は、低学歴・低所得者が半分以上を占めていることがわかる。施設Xには、母親が無職であっても入居可能である。母親が有職者であることを入居条件に定めている施設もあるなかで施設Xにはそのような条件がないため、母子世帯のなかでも特に生活困窮世帯が多く入居していた。基本的には行政の仲介によって施設の入居手続きが進められるが、シェルターや支援者に保護されて施設に入居する世帯もあれば、母親が自ら施設に見学にきて入居につながる世帯もあり、入居のプロセスは様々だった。

施設Xの支援理念は、「子どもの最善の利益を基本として、生きる力（自尊心）を育む」「母親へのよき伴走者となる」であり、それは入居者用のパンフレットにも記載されている。この支援理念をもとに、施設の支援方針が決められているという。施設の決まりはおおむね施設長の判断によって決められていて、特別な理由や施設長からの許可がないかぎり、明文化された決まりを破ることは許されない。明文化された決まりとしては、例えば門限の○時までに帰宅する、外泊は○日間だけ可能、来客の制限、親族以外の男性の立ち入りはできないなどがある。門限や外泊に関しては施設Xだけに限らず、ほかの施設でも確認できる（第1節を参照）。そのほかにも、暴言を使わない、唾を吐かない、タバコのごみを捨てない、寄贈品を捨てないなど、入居者の行動が問題視されるたびに、新たな決まりが増えて壁に張り紙されていた。ただし本章では、こうした施設の防犯・衛生管理を目的とした決まりや共同住宅として他世帯への配慮を目的とした決まりのなかでも、特に入居者の性や身体をめぐる行動制限を目的とした決まりに対する職員の語りを分析する。性や身体に関する決まりというのは、入居者の意思決定の尊重と入居者への介入をめぐり支援者側に特に葛藤を生じさせるものと考えられる。実際に次節以降で扱う決まりに対する職員の語りからは、母親規範を用いた介入とその調整のあり方が顕著に表れる。

3　児童福祉施設としての生活の決まり

まず初めに、施設Ｘの決まりを設ける際に最終判断を下す施設長である職員Ａの語りを分析する。職員Ａによると、彼女が施設Ｘに施設長として赴任した当初は、この施設には支援の理念や生活の決まりがほとんどなかったという。そこで、施設長として施設の改革をおこない、施設の理念や生活の決まりを整備していったと述べていた。職員Ａは決まりを設ける理由として、児童福祉施設の理念を挙げた。

職員Ａ：その門限の説明をするときは、私は根拠がないといけないと思う。「決まりはね、脳科学的にね、子どものために」っていう話を入居者にしていて。「子どもの脳っていうのは、成長ホルモンっていうのがすごく出るのが熟睡して〔夜の〕十時から二時、深い睡眠と一緒よね、レム睡眠、この時間ぐっすり寝ていれば子どものシナプスが発達し〔て〕。だからここで、お母さんたちが十二時まで起こしていたら、この子の自律神経は崩れるし」っていう話をしている（略）、児童福祉施設なので、唯一お母さんと一緒に入れる児童福祉施設なので。児童福祉施設に門限はないっていうのは違うでしょう。

職員Aは、決まりを設ける根拠として睡眠と子どもの発達の影響力を挙げていて、早寝の重要性を述べている。そのうえで、施設Xは児童福祉施設という子どものための施設であり、子どもと一緒に入居する母親には子どもの健康を守る生活をしてもらわなければならないため、門限が必要であると述べていた。ここでは、職員Aは、母子生活支援施設が児童福祉施設であるという制度的な側面を生活の決まりの根拠にしているのがわかる。

職員Aは、明文化された施設内の決まりの根拠としてだけではなく、非明文化された決まりの形成に際しても、「母子生活支援施設は児童福祉施設であるから」という理由をその根拠として挙げる。非明文化された決まりは、明文化された決まりが守れずに問題が生じた場合に、さらに具体的な行動規範として新たに設定されていた。例えば、施設Xでは、入居後に異性との交際を開始した入居者が妊娠することがたびたび生じて職員から問題視されていて、入居者の妊娠の予防策として妊娠したら退所という生活の決まりが設けられた。入居者の交際が判明すると、母子支援員を中心に職員が「妊娠だけはしないでね」という生活の決まりを本人に伝え、避妊の重要性が説明される。さらに交際が判明したらすぐに施設長と入居者・パートナーによる面談をするという生活の決まりもあった。面談では施設長が、「施設がシングルマザーの自立支援をする場所である」と入居者とパートナーに伝える。そのほかにも面談では、入居者がパートナーと施設の外に遊びにいっても必ず門限を守って帰宅するという約束が交わされる。また、パートナーに対して、妊娠したら退所という施設の決まりが説明され、さらには職員からパートナーに対して真剣な交際をしているのか確認がおこなわれ、非意図的な妊娠を防ぐための注意喚起がされるという。職員Aは「妊娠したら退所」という非明文化された決まりを策定した理由を以下のように説明する。

調査者：妊娠したら退所っていうのは？

職員A：母子生活支援施設の法的な理由が、なんだろう、自立を目的としているじゃない。結婚するっていうことはいらないじゃん。そこで妊娠するってかみあわないわけさあね。で、「自由に妊娠していいよ」って言ったら、みんな妊娠する。抑止力にもならんし。かといって、妊娠したらすぐ出てけとかはやらないけれど。妊娠して、なんていうかな、妊娠したらここにいれないよって抑止力になって。妊娠は防げるじゃん。でも出てったらすぐ妊娠する。

職員Aは、母子生活支援施設は母子世帯の自立を目的としていて、退去後に入居者が結婚して新たな世帯形成をする支援は目的としていないとしている。施設長である職員Aは、「妊娠したら退所」という生活の決まりを設ける理由について、主に「児童養護施設としての母子生活支援施設」や「シングルマザーの自立支援」といった施設の目的や理念を用いて説明していた。

ここでは職員Aが、生活の決まりがなければ入居者は「みんな妊娠する」と認識している点に注目したい。こうした語りからは、入居者をリスクに脆弱な存在として捉えているために生活の決まりが必要であるという認識が垣間見える。次節では、生活の決まりが、施設理念や目的だけで正当化されているのではなく、職員たちの入居者に対する認識によっても正当化されていることを明らかにする。

4　リスクに脆弱な存在——職員の入居者に対する認識

入居者の危機管理意識の欠如という認識

第3節で、職員Aは児童福祉施設としての理念に沿って門限の設定をしていると述べていた。一方で、職員Aは門限を設けるもう一つの根拠として、入居者が自身の危機管理を十分におこなうことができないからと語る。

職員A：私、決まりは身を守ると思っているわけ。身を守る生活をしてきた人たちだったらいいよ、教育されてきた人たちだったら。でも〔教育〕されていない人たち〔入居者〕がほぼほぼなので。（略）逆なのよ普通の人は門限があるところで育ってきて大きくなって自由になる。だけどこの子たちは門限がない自由なところに育ってきて。でも、いまは十代の子〔若年母〕にも言うんだけど、ここにいたら安全ではあるんだよね。わかる？　門限だから帰るって言えるって。〔男から〕お誘いが多いわけさ、「いとけよ」〔男性から「帰らないでよ」と言われたとしても〕、「門限で施設長がうるさいから帰る」って〔入居者が言い訳できる〕。そしたら身を守るでしょう。そういう役割をしている。だから一般的な門限の意味とは違うと私は捉えている。

ただの拘束ではない、危険なところに隣り合わせの子たちが多いので、身を守るっていうところと児童福祉施設っていう子どもの観点。門限なかったら〔深夜〕一時二時まで連れ回すでしょう。子どもへとへと。

職員Ａは、入居者が身を守るような教育をされてこなかったと捉えている。そして、「普通の人は門限があるところで育ち大きくなって自由になる」けれど、「入居者は門限がないところで自由に育つ」と見なしている。そして、十代の入居者の事例を挙げながら、入居者の身体を目的として近づいてくる男性から身を守る防波堤的な役割を果たすために門限が必要であるとする。例に挙げていた入居者は、男性との交際を理由に子どもを施設に預けたまま朝まで帰宅しないことが問題になっていた。職員Ａは入居者が男性からの誘いを断りたくても断れないと捉えていて、だからこそ門限が必要だと認識している。

入居者の非計画性という認識

職員Ｂは、入居者が交際をすると門限を守らずに児童を施設の学童や保育室に預けたままになり、それによって児童が不安定になることを問題視していた。また、職員Ｂは、児童福祉施設として施設の職員が「子どもの幸せ」を優先して支援するべきという認識をもっていた。

職員Ｂは入居者が避妊をするという生活の決まりの重要性を以下のように説明している。

職員B：母子支援、職員同士で話してたのは、誰と付き合ってもいいけど頼むから妊娠だけはしないでという。究極そこじゃん。どんな男と付き合おうが何しようがかまわないけど、妊娠したら子どもの面倒は見なきゃいけなくなるわけだから、もれなく。それは子どもにとってもどうなんだよ〔と思う〕。いまいる兄弟にとってもそうだし、新しく生まれてくる子にとってもその環境が用意できるかは大事なところだから、どんな男と付き合ってもいいけど妊娠だけはしないでほしいよねというのはよく言ってた。だから避妊の重要性みたいなところは母子支援は結構お母さんたちに伝えてはいたけど。自分にとって大事な男とやるセックスだから「コンドームなんてつけたくないよね」と言われたら、「そうね」になるというさ。「生でさせて」と言われたら、「そうね」になるところも。こっち〔職員〕に権限がない、あっち〔入居者〕に権限があるところの弱点ではある。

「誰と付き合ってもいいけど頼むから妊娠しないで」という職員Bの語りからは、入居者が妊娠してしまうことを職員たちが恐れていて、入居者が避妊することを求めていることがわかる。ただし、入居者は交際相手を前にすると、結局は相手が望むように避妊しなくなってしまうと捉えている。現在の子育てや、仮に妊娠した場合、その後の生活の見通しを立てることができないという入居者の非計画性を問題視している。そのため、「こっちに権限がない、あっちに権限があるところの弱点ではある」と述べている。職員Bは、入居者が避妊を選択することに対して、職員は直接的な権限をもたないからこそ、避妊をするという生活の決まりを、入居者に対して積極的に伝える必要があると認識していた。

入居者の依存性という認識

以上のように、生活の決まりが施設内に多数設けられる背景には、入居者たちには危機管理意識が欠如し、非計画的に生きているという職員側の認識があることが確認された。本節では、それに加えて、入居者は他人に依存的であると見なしている職員たちの認識を指摘する。以下では、この入居者たちに依存性があると捉えている職員の語りを分析する。

職員C：ちょっと失敗したな、大丈夫だったかなって思うケースって、だいたいやっぱり依存体質で。気になるケースってほとんどみんなそんな感じ。…（略）こんなに〔支援〕してもらって付きっきりで支援してもらっててもそれでも足りないって思ってるんだっていったときに、この〔入居者の〕足りないって度合いってどうなんだろうってそこもちょっと気になるし。

調査者：周りからみたら、足りてる？

職員C：足りてるって私たちが思っても、足りてないんだろうね。きっとね。大丈夫だよって思うんだけど、それでもやっぱり足りてない。その人の生育歴だったりとか、その人の愛着の部分だったりとかっていうのがあるのか。例えば弁当一つにしても、「すごい助かるありがとう」って人もいれば、いや、「このおかず、いやなんだろうな」って人もいるし。それぞれ、一個、何かを提供するにしても、もらえて、提供タダで、ご厚意でもらったものに対して「すごいラッキー今日よかった」って思う人って思ってたんだけど、思わない人もいるんだろうなっていうのがあったら、それぞれの受け取り方って〔異なっている〕。

職員Cは、支援がうまくいかなかったケースは「依存体質」が理由だったと述べている。入居者は愛着などに問題を抱えて依存性が高いために、職員の支援に対して満足できないと捉えている。また具体的に、依存という点で困難を抱える入居者が無償で提供される寄贈品を手に入れても満足しないという事例を挙げている。以上の点から、入居者がさらされるリスクとして、危機管理意識の欠如、非計画性のほかにも依存性という点を職員が認識していることが明らかになった。

5　母親規範による介入の正当化——職員の業務に対する認識

直接的な行動制限の必要性

ここまでの考察から、危機管理意識や計画性、自立性の点で入居者を「リスクに脆弱な存在」と見なしている職員の認識によって、生活の決まりが正当化されていることが確認された。本節は、職員が入居者への対応に業務上の限界があると認識している点を指摘する。リスクにさらされる入居者への対応と、入居者に介入するうえでの業務上の限界、この二つの間で職員はジレンマを抱えている。そうしたジレンマへの対処として、職員は生活の決まりを用いて直接的・間接的な介入をしている。母親規範は、そうした職員の支援実践を正当化する理由として用いられていることが明らかになる。

例えば職員Aは以下のように、リスクを抱える入居者が望むように対応するには職員にも限界があり、だからこそ生活の決まりを通して入居者にも「自立した母親」になることを求めている。

調査者：そういうルールを「作るか作らないか」っていう葛藤はありましたか？

職員A：あったあった。自由にしてもいいんじゃないかって思った時期もあって。…（略）だけど、すごく最近は覚悟として。身を守っているなって思ってきたから、それは迷いはないからね。前は自分たちだって、ストレスあるしいいよねって。でも、この子を預けて、旦那や実家に。でも旦那や実家はないでしょう。これは自覚しんと（自覚しなければ）いかんわけさ。だからあたし入所者に、「あんたたちシングルマザーっていうことを自覚しなさい。シングルマザーだったらかっこいいシングルマザーになりなさい」っていう話をよくするんだけど。自覚しないといけないさ。自ら選んでシングルマザーになっているんだからさ。それはもう比較するものでもないと思う。自分は十二時まで飲んできながらやってきたけど、夫と交代で預かったわけ、だけどもうそれはできないのよ母子生活支援施設では。やってあげたくてもできない、実家ではできるけど、うちではできない。できないんだったら、できることとできないことをはっきり言わないといけない。

施設長でもある職員Aは、決まりを設けることに、一度は葛藤したが後悔はないと述べている。葛藤が解消された理由を二つ挙げていて、一つは第4節で分析したように入居者がさらされるリスクへの対応の必要性を述べていた。そしてもう一つは、施設の入居者が夜遅くまで遊びたくても、施設は深夜の時間帯に親族や家族のように子どもを預かることができないという、職員には支援できる範囲に限界があるという点を挙げている。つまり、職員Aは、職員としての支援には限度があるために、門限を設けて直接的に制限する必要性をここでは述べているわけだ。入居者への直接的な介入を正当化するために、職員Aは、職員を頼りすぎない自立したシングルマザー、ここでは「かっこいいシングルマザー」になるべきなのだと語る。この「かっこいいシングルマザーになりなさい」という言葉は、職員Aの日常的な支援のなかでも頻繁にみられていて、例えば、ある入居者の交際相手への依存性が問題視され、関係を断ち切ってシングルマザーとして一人で就労し子育てして自立して生きるということを覚悟しなさいと指導する際にも使用されていた。このように、職員Aは支援には限界があり、入居者は生活の決まりの範囲内で行動しなくてはならないと見なしていて、その直接的な介入を正当化するために母親規範を用いていた。

職員の責任を生活の決まりで外部化

一方で、母子支援員である職員Cは、職員は仕事として関わっている以上、入居者の選択への介入はできないと語っていた。そのため、職員Cは直接的な制限を容認する職員Aとは異なり、入居者自身の判断に委ねた支援をする必要性も主張している。

調査者：支援するなかで、どこまで踏み込むとか、どこまで踏み込まないってありますか？何か決めていることってありますか？

職員C：〔あらかじめ入居者に対して〕決めつけないようにしている。このお母さんだったら絶対こういうふうに仕事やっていたほうがいい、フルタイムは厳しいからパートがいいとか、客観的にこのお母さんはこっちがいいとか、レールじゃないけど。でも決めるのはママだし。「これがいいな」って〔職員Cが〕思ってても、「フルタイムでがっつり働く」って〔入居者が〕言ったら、決めたことを今度そこに向かって支援しないとなって〔入居者が決めたことに対して支援する〕。自分が型にはめないようにっていうのは意識はしている。なんだろう、今度はその人が決定したわけじゃなくて、〔職員に〕やらされた感が出てくる。本人なりに自己決定したチャンスってもってほしい。自己決定したときに何かが起こったときに、こっちが待つじゃないけど動けるようにする。

調査者：難しさを感じたりしますか？　お母さんたちの選択で、きっと不安定になっちゃうんじゃないかって。

職員C：やらなければいいのにな、やめとけばいいのになって思うよ。絶対、身内だったら「いやあ、それやめたほうがいい」って力ずくで止めるはずなんだけど、でもそこは支援者と入居者であるところではあるから、仕事で関わっている以上、ちゃんとできることの範囲ってあるじゃない。それを越してしまうと、べったりになっちゃう。あくまで支援している立場だけどこっちがえらいわけじゃない。だから、〔職員が〕こうやったほうがいいって言ったじゃん、ていう立ち位置〔入居者の行動を指示した職員に対して、入居者が不満を抱くこと〕にならないようにしている。じゃないと、〔職員は〕指導者ではないから。

職員Cは職員Aと同様に、入居者と支援者との関係性を、親族や家族、友人という立場とは異なるとはっきりと区別している。ただし、境界線を超えてしまうことで「べったり」と入居者に依存されることを防ぐためにも、選択は入居者本人の判断に任せるのだという。職員Cの語りは、入居者の「依存性」というリスクに鑑みている点や、支援の限界について述べている点は職員Aと共通しているが、「〔職員は〕指導者ではない」として入居者の意思を尊重していると捉えることができる。

しかし、職員Cも含めた施設Xの職員は、入居者が望むすべての選択を肯定しているわけではなく、こうした職業選択も施設の生活の決まりの範囲内である限りで許容されていた。例えば、入居者と職員は、キャバクラなどの水商売の仕事は短時間勤務で高額な収入を得ることができると理解していたが、施設Xの生活の決まりで入居者が水商売に就くことは許されていなかった。施設Xでは、ときに職員に内緒で水商売をしていた入居者もいたが、門限以降の帰宅によってすぐにばれてしまい、仕事を辞めさせられるなどの指導を受けていた。

自己決定に対しては個人に委ねると語っていた職員Cも、夜の仕事を職業に選ぶことに関しては、以下のように前段とは矛盾しているともとれる語りをしている。

調査者：Xに入所するときに夜の仕事がだめだよっていうのは、あれですか、入るときに〔生活の〕決まりとかがある？

職員C：夜の仕事がだめと謳っているんじゃなくて、そもそも門限があるから。一応、門限っていうのも子どもの生活リズムを整える。こっち児童福祉施設だから。子どもにとってあまり害がある〔ことはしてほしくない〕じゃないけど、子ども主体で〔施設で生活することを入居者に求めるという〕考えがあるから、〔母親や子どもが〕門限外起床っていうのもちょっと〔おかしい〕。

職員Cの「そもそも門限があるから」水商売を選ぶことができないという語りは、職員が水商売自体を否定しているのではなく、生活の決まりによって入居者の職業選択の範囲が門限よりも前に帰宅できる仕事に定められていることを意味している。門限の根拠としては、第3節の職員Aと同じく、「子どもの生活リズムを整える」「児童福祉施設だから」という施設の理念を挙げているが、ここでは生活の決まりが、職員自身の直接的な介入を避けて入居者の選択を間接的に制限するために用いられているといえる。つまり、職員Cの対応は、入居者の選択を尊重するという自らの職業倫理を守りながら、入居者に対して行動制限をしなくてはならないという職員としてのジレンマを解消するために、生活の決まりを用いて、自身が入居者に対して直接的に行動制限をかけるという責任を外部化していると解釈することもできる。

ただし、「子ども主体で〔施設で生活することを入居者に求めるという〕考えがあるから、〔母親や子どもが〕門限外起床っていうのもちょっと〔おかしい〕」という職員Cの語りからは、入居者は子どもを中心に生活すべきという母親規範を読み取ることが可能であり、結局のところ母親規範を根拠に入居者への介入を正当化している点では、職員Aの認識と大きくは変わらない。職員Cと職員Aは、母親規範を背景にして生活の決まりから入居者への介入を正当化するという点では共通している。

以上、生活の決まりと母親規範をめぐる職員の語りの考察を通して、職員はリスクに脆弱な存在である入居者への支援には限界があると認識していて、生活の決まりを介して入居者に対応していることが確認された。職員Aのように入居者への介入を直接的に求めることもあれば、職員Cのようにあくまで間接的に入居者に介入するために参照するにすぎない場合もある。介入の程度や、介入を正当化する論理に違いはみられるものの、そうした論理を下支えするものとして共通して母親規範があることが示された。

おわりに

社会福祉学研究を中心に、母子世帯支援の背景にあるジェンダー規範に着目した研究では、支援者が被支援者に付与してしまうスティグマや入居者の主体性への配慮が慎重に検討されるようになっている。母子生活支援施設研究のなかでジェンダーに注目した研究でも、母親規範を背景にした施設支援は入居者に対して抑圧的にはたらいてしまう点が批判的に論じられている。しかしながら、施設の母親規範を論じる先行研究は施設の支援に対する批判と擁護に議論が二極化してしまい、実際に職員たちがどのように規範を認識しているのか、その実態には目が向けられていない。そこで、本章では施設で母親規範が顕著に表れるとされる生活の決まり（特に入居者の性や身体に関する決まり）に着目し、支援現場では母親規範がどのような論理のもとに存在しているのかを明らかにした。

施設Xの職員は、母子生活支援施設は児童福祉施設であるという制度的な根拠のもと、子どもの利益を前提とした生活の決まりの必要性を述べながらも、入居者がリスクにさらされているために生活の決まりが必要だとする認識を示した。職員の語りからは、それまでの生活のなかで身を守るという習慣を身につけていない入居者の危機管理意識の欠如や、今後の生活を考慮したうえで避妊をすることができない非計画性、支援をどこまでも求めてしまうという依存性などの問題点を挙げながら、生活の決まりを正当化していることがわかった。また、入居者の行動への介入に関する語りからは、職員は支援するうえで業務上の限界があると捉えていることが確認された。リスクにさらされる入居者の対応と支援活動での業務上の限界の間で職員はジレンマを抱えていたが、それへの対応は職員によって様々だった。職員Aは、業務には限界があるために生活の決まりによる直接的な行動制限の必要性を述べて、その正当化のために母親規範を用いていた。職員Cは、職員として入居者の意思を尊重すべきという職業倫理を守るために生活の決まりを持ち出して間接的な介入をする必要性を述べていたが、入居者が生活の決まりを守る理由を母親規範によって正当化する点では職員Aと共通していた。入居者の行動への介入の程度にはグラデーションが存在するものの、母親規範はそうした介入をときに直接的に正当化し、またときに介入の責任を肩代わりすることで、職員たちの業務を下支えしていたことが確認できた。

本章では、施設支援が入居者に対して抑圧的なものとしてはたらくという先行研究の指摘は、ある程度の濃淡はありながらも、すでに職員の側にも一部共有されていることが明らかになった。入居者の選択を尊重する必要があるからこそ、職業選択や避妊という局面で行動を制限する際に、生活の決まりという外在的なルールを経由することが求められていた。もちろん、そこであるべきものとされた入居者像には母親規範の影響が色濃くあり、そうした規範を解体するうえで先行研究の批判には意味がある。ただし、本章で示したように、入居者に行動制限を求めてしまう理由が施設職員として業務上とりうる手段の限界からもきているのであれば、規範を用いる職員を不適切であるとして批判するのではなく、業務上で活用できる資源や選択肢を充実させることで抑圧的な介入を実質的に軽減できる可能性がある。

本章の考察は職員側の聞き取りに基づくもので、入居者側の語りは取り扱っていない。生活の決まりが職員―入居者双方の交渉のもとに成立するならば、入居者側の考察は必須だろう。支援現場では、支援者―被支援者という構造的な力関係を視野に入れながらの、より総体的な現場理解が求められている。

注

(1) 例えば、横山登志子／須藤八千代／大嶋栄子編著、鶴野隆浩／中澤香織／新田雅子／宮﨑理『ジェンダーからソーシャルワークを問う』(ヘウレーカ、二〇二〇年)。

(2) 施設数は、全国社会福祉協議会／全国母子生活支援施設協議会『令和2年度 全国母子生活支援施設実態調査 報告書』(全国社会福祉協議会／全国母子生活支援施設協議会、二〇二一年)を参照。入居世帯数は、厚生労働省「令和2年度福祉行政報告例」(厚生労働省、二〇二一年)を参照。

(3) 本章で、入居者が「リスクに脆弱」であるとして職員が生活の決まりや規範を正当化しているという記述は調査・分析結果を提示したものであって、調査者自身がそうしたプロセス自体を正当なものとして評価しているわけではない。研究を通した行為理解と行為に対する価値判断はイコールではない。

(4) 全国社会福祉協議会／全国母子生活支援施設協議会「全母協 全国母子生活支援施設協議会」全国社会福祉協議会(http://www.zenbokyou.jp/outline/about/)[二〇二〇年十一月二十八日アクセス]

(5) 社会福祉学を中心とした母子生活支援施設の実態調査研究としては、施設の役割や機能を問い直すことを目的とした施設入居者・職員などへのアンケート・インタビュー調査を実施した研究(例えば、岩田美香「母子生活支援施設の評価とソーシャルワークに関する研究」〔北海道大学大学院教育学研究院教育福祉論研究グループ編「教育福祉研究」第十巻第二号、北海道大学大学院教育学研究院教育福祉論研究グループ、二〇〇四年〕、堺恵「母子世帯の生活課題に対する母子生活支援施設の役割――施設を退所した母親たちへのインタビュー調査からの考察」〔龍谷大学大学院社会学研究科研究紀要編集委員会編「龍谷大学大学院研究紀要 社会学・社会福祉学」第二十二号、龍谷大学大学院社会学研究科研究紀要編集委員会、二〇一四年〕、上野文枝「母子家庭の自立支援の現状と課題――元母子生活支援施設利用者へのインタビュー調査から」〔「皇學館大学社会福祉論集」第十一号、皇學館大学社会福祉学会、二〇〇八年〕）はいくつかある。それらの研究は、今後の施設運営や支援の改善を目的としたものであり、職員に対しては支援が困難な点を、入居者に対しては施設での生活の満足度や不満を聞き取りしたものである。

（6）湯澤直美「母子生活支援施設における女性支援の視点」「立教大学コミュニティ福祉学部紀要」第二号、立教大学、二〇〇〇年、湯澤直美「女性と母子生活支援施設」、松原康雄編著『母子生活支援施設――ファミリーサポートの拠点』所収、エイデル研究所、一九九九年

（7）今市恵「母子生活支援施設と母性の歴史」「大阪千代田短期大学紀要」第三十号、大阪千代田短期大学、二〇〇一年、一七二ページ

（8）宮本節子「社会福祉施設としての婦人保護施設の現実――その概要と実態」、須藤八千代／宮本節子編著『婦人保護施設と売春・貧困・DV問題――女性支援の変遷と新たな展開』所収、明石書店、二〇一三年

（9）横山登志子「虐待問題を抱える母子の生活支援における「多次元葛藤」――支援者の経験的側面からみた子ども虐待の状況特性」、日本社会福祉学会機関誌編集委員会編「社会福祉学」第五十四巻第三号、日本社会福祉学会、二〇一三年、横山登志子「生活困難を抱える母子家庭の母親理解に関する生成的実践――母親規範に回収されない理解」、日本社会福祉学会機関誌編集委員会編「社会福祉学」第五十六巻第一号、日本社会福祉学会、二〇一五年、横山登志子「語られていない構造とは何か――ソーシャルワークと「ジェンダー・センシティブ」」、前掲『ジェンダーからソーシャルワークを問う』所収、横山登志子「もうひとつの「母親規範」を求めて」、宮下慧子／須藤八千代編著『母と

子の未来へのまなざし——母子生活支援施設カサ・デ・サンタマリアの25年』所収、ヘウレーカ、二〇二一年

(10) 前掲「生活困難を抱える母子家庭の母親理解に関する生成的実践」六一—六二ページ

(11) 同論文六三ページ

(12) 前掲「虐待問題を抱える母子の生活支援における「多次元葛藤」」二六ページ

(13) 前掲「生活困難を抱える母子家庭の母親理解に関する生成的実践」六三ページ

(14) 同論文、前掲「虐待問題を抱える母子の生活支援における「多次元葛藤」」、前掲「語られていない構造とは何か」、前掲「もうひとつの「母親規範」を求めて」

(15) 本章の問いに対して、平安名萌恵「母子生活支援施設における母親規範の正当化プロセス——入居者の交際をめぐって」(「Core Ethics」第十九巻、立命館大学大学院先端総合学術研究科、二〇二三年)では、入居者の交際をめぐる職員の認識を分析し応答している。

(16) 坂本信子監修、近藤政晴／坂本卓穂／田口信一／藤井常文編『母と子のきずな　パートⅡ——母子生活支援施設は家族を支援します』三学出版、二〇〇七年、四五ページ

(17) 坂本信子監修、田口信一／近藤政晴／清水明編著『母と子のきずな——地域子育て支援と母子生活支援施設』三学出版、一九九九年、四八—五二ページ

(18) 同書一一ページ

(19) 前掲「母子生活支援施設の評価とソーシャルワークに関する研究」

(20) 前掲「母子世帯の生活課題に対する母子生活支援施設の役割」五四ページ

(21) 武藤敦士「母子生活支援施設の役割・機能と支援対象——母子生活支援施設入所世帯の実態と施設が抱える今日的課題」「同朋福祉」第二十二号、同朋大学福祉学部、二〇一六年

(22)前掲「母子生活支援施設と母性の歴史」

(23)北川清一らは(北川清一/村田典子/稲垣美加子/根本久仁子/池宮城和加子「沖縄県における母子生活支援施設の実践構造と生活支援に関する研究」、明治学院大学社会学部付属研究所編「研究所年報」第三十七号、明治学院大学社会学部付属研究所、二〇〇七年)、沖縄県の母子生活支援施設特有の役割や機能について考察しているが、沖縄の地域性をめぐる議論については別稿に回す。

(24)施設Xの入居者の状況は、施設Xの『事業報告書』(非公開資料)から詳細を得た。

[謝辞]本章は、大阪大学・三品拓人、京都大学・野崎祐人との共同研究「社会的養護における支援と制限の社会学――児童福祉の様々な現場で生じるジレンマ」をもとに執筆した。アドバイスをくれた二人に感謝を申し上げる。

終章　二〇〇〇年代以降の社会的養護と社会規範・専門概念・ネットワーク

土屋　敦

本書は、児童養護施設や母子生活支援施設、そして里親という社会的養護の下で生活する子どものケアや教育、発育をめぐる規範や構造のあり方を、家族社会学や医療社会学、教育社会学などの視座から読み解くことを目的に編んだものである。またその際に、前述の主題を文書資料の分析（第1章「母性的養育の剝奪論／愛着理論の再構築と里親委託——一九七〇—二〇〇〇年代の里親関連専門誌の分析から」〔土屋敦〕、第2章「社会的養護政策での「家庭的」の意味とその論理——二〇〇〇年代以降の政策関連資料から」〔野崎祐人〕）とフィールド調査結果の分析（第3章「児童養護施設が「家庭的」であること——中規模施設と地域小規模施設の比較から」〔三品拓人〕、第4章「児童養護施設で暮らす子どもたちの〈仲間〉と〈友人〉——施設と学校でともに生きるということ」〔宇田智佳〕、第5章「児童養護施設の職員は子どもの医療化とどう向き合ったのか」〔吉田耕平〕、第6章「母子生活支援施設の母親規範を問う——介入手段としての生活の決まりに着目して」〔平安名萌恵〕）から読み解くとともに、特に後者の分析に力点を置いた構成としている。またそこでは、社会的養護のフィールドに埋め込まれた家庭性やジェンダー秩序などの社会規範、発達障害や愛着障害などの専門概念の関与のあり方、そしてそこで生活する子どもや施設関係者間のネットワークを社会学の視座から読み解くとともに、そうした社会規範や専門概念と現場での子どもの養育実践との間に生じる葛藤や揺らぎをフィールド調査から明らかにすることに力点を置いた。

以下では、本書によって得られた知見と成果とを、社会規範、専門概念とネットワークそれぞれの観点から整理したい。

1　社会規範・専門概念・ネットワーク

本書中でもたびたび論じてきたように、二〇〇〇年代初頭以降、日本の社会的養護を取り巻く環境は劇的な制度移行期のただなかにある。そこでは、国連子どもの権利条約への批准（一九九四年）と国連子どもの権利委員会からの三度の勧告、そして「児童の代替的養護に関する指針」の国連総会での採択（二〇〇九年十二月）を受けて、施設養護に対する家庭養護優先（里親委託率の上昇、ファミリーホームの増設など）、施設の小規模化や「家庭化」などの諸政策が進められてきた。

またこの二〇〇〇年代初頭以降の時期は同時に、「愛着障害」や「発達障害」など、それまで疾患・障害概念で捉えられてこなかった子どもの逸脱が医学的概念のもとに把握され、何らかの対処が講じられていく過程でもあった。第1章が明らかにしたように、社会的養護の場で「愛着障害」概念が議論の俎上に載せられていくのは一九九〇年代以降、同概念が広く普及していくのは二〇〇〇年代初頭以降の時期である。また第5章でも明らかにされているように、「発達障害」概念が日本社会のなかで普及していくのは一九九〇―二〇〇〇年代を待たなければならなかった。

本書の各章は、二〇〇〇年代初頭以降に顕著に生じた社会的養護の場の変容を社会学の視座から読み解く論考となっている。

「家庭的」であること

なかでも本書の前半で力点を置いて検討したのは、二〇〇〇年代以降に社会的養護の場で特に強調されることが多い「家庭的」という規範だった。この社会的養護の場の「家庭化」をめぐる動向は、これまで本書の編者の一人である藤間公太によって児童自立支援施設のフィールド研究から明らかにされるとともに、[1]もう一人の編者である土屋敦によって歴史社会学の視座からの解明がなされてきた。[2]本書の特に第2章と第3章では、そうした一〇年代半ば以降になされた研究群の到達点をさらに推し進めた多くの知見が提示されている。

第2章では、特に二〇〇〇年代初頭以降に編まれた社会的養護関連の「政策文書」と、審議会や検討会の「議事録」を分析の俎上に載せるとともに、そこでは「家庭的」の意味内容として、①養育形態が小規模であること、②地域に開かれていること、③養育者による個別的なケアが保証されていること、④養育者との関係が継続すること、⑤養育者との間に愛着が形成されること、⑥一般家庭と同じような生活の様子がみられること、の六つが見いだされることを指摘した。また同議論のなかでは、社会的養護の場が「家庭的であること」と並んで「専門的であること」が同時に掲げられ、両者がときには背反しながら、ときには重なり合いながら議論展開がなされたことを指摘した。〇〇年代初頭以降の社会的養護の場の「家庭化」を推し進めてきたのが、こうした政策文書や議事録にみられる議論だったことに鑑みるならば、同作業には大きな意義があるはずである。

また第3章では、この社会的養護の場の「家庭化」の諸相が、児童養護施設の長期間にわたる参与観察研究から明らかになった。三品による児童養護施設での参与観察が開始されたのは二〇一六年だが、それから二三年に至る過程で、児童養護施設に求められる「家庭的」のあり方は大きく変容した。三品論文では、前半で中舎制の児童養護施設にかつて求められ、また職員に想起されることが多かった「家庭的」であることの意味内容の検討がおこなわれるとともに、後半で同施設が地域小規模施設に移行するなかで意識されるようになった「家庭的」の意味内容の変化が分析された。そこでは、前者の中規模施設でのドレッシングや炊飯器、風呂などの大きさをめぐる問題が「家庭」概念との交錯関係のなかで言及されることが多かった一方で、後者の地域小規模施設ではそれは買い物や薬局などへ「ふらっと出ていく」実践だったり子どもが「郵便物を自分で取りにいく」「お風呂をためておく（抜いておく）」実践として構成されていた。

「愛着障害」「発達障害」概念

また、「愛着障害」や「発達障害」という一九九〇年代から二〇〇〇年代にかけて社会に流布した専門概念と社会的養護の場の結び付き方を歴史的に明らかにしたのも本書の成果の一つだろう。加えてそうした諸概念の構築・再構築が、前述の社会的養護改革や子どもの権利条約の批准、子どもの人権概念の強調や施設内体罰の禁止などの状況に並行するようにしてなされたことも重要な論点である。特に「発達障害」問題の社会的構築をめぐる議論は、医療化論の枠組みを用いながら主に学校などを調査対象としておこなわれてきたが、そうした医療化の諸相を児童養護施設や里親といった社会的養護の場に焦点化しながら論じた点も本書の成果の一つだ。

第1章では、近年の社会的養護改革のなかで言及されることが多い愛着理論・愛着障害をめぐる議論の変遷を、特に里親関連専門誌の分析から跡付ける作業がなされた。同概念が議論されはじめるのは一九九〇年代以降であり、またそれが社会的養護の場に普及するのは二〇〇〇年代初頭以降であることを明らかにするとともに、同時期に同概念は社会的養護の場で構築・再構築されたことを指摘した。また、〇〇年代以降になされていく社会的養護改革が、愛着理論・愛着障害概念が提起する要請がまずあって、そうした子どもに必要不可欠なニード充足の観点から社会的養護改革が求められたのではなく、子どもの権利条約の批准や国連勧告などの「外圧」の影響下で、施設の小規模化や里親優先の原則が政策課題に挙がるなかで、同理論がそれを支持する基礎理論として後付け的に選択され、言及される頻度が飛躍的に増えたことを指摘した。

第5章では、一九八〇年代から二〇〇〇年代に至る時期に児童養護施設で職員として子どもの養育の任にあった方々への聞き取り調査から、「発達障害」が児童養護施設では「体罰から向精神薬へ」という時代の変遷のなかで特に強調される概念になっていったことを指摘している。児童養護施設では、一九九四年四月の子どもの権利条約批准以降、施設内体罰が社会問題化するとともに、それを防止するための施策が練られていくことになるが、同論文によれば、そのことによって児童養護施設で生活する子どもに「発達障害」（特にＡＤＨＤ）の診断がつくことが増えていった。同論文では、八〇年代までの施設内の子どもの問題行動に対して、もっぱら職員からの力による抑え込みを主要な統制手段として施設内秩序の安寧が図られていた一方で、施設内体罰がタブー化した九〇年代後半以降は、同問題行動にＡＤＨＤといった診断名の付与を経由し、向精神薬などの薬物療法によって統制することが可能になったことが明らかにされた。

ジェンダー規範

また、社会的養護施設のなかでもこれまで社会学の視座からの検討がほとんどなされてこなかった母子生活支援施設を分析したのも本書の成果の一つである。この母子生活支援施設は、社会的養護関連施設のなかでも唯一母子が一体で入所できる児童福祉施設だという特徴を有する。

ここまで繰り返し論じてきた一連の社会的養護改革のプロセスで、二〇一一年には厚生労働省から今後の社会的養護のあり方に関する指針として「社会的養護の課題と将来像」が提示されるが、それを受けて全国母子生活支援施設協議会からは一五年に「私たちのめざす母子生活支援施設（ビジョン）」が提示された。同ビジョンのなかでは、母子分離の回避や家族再統合の重要性が説かれるとともに、子どもと母親の自立が特に強調されることになる。

第6章では、こうした社会的養護改革のなかで再強調される母親規範のあり方を施設内フィールド調査とインタビュー調査に基づいて明らかにした。母子生活支援施設の門限の設定や避妊の徹底などの母親規範に基づく施設内規則が「リスクに脆弱な存在」という施設職員による入居者認識によって作り出されていること、またそうした施設内規則が職員の人手不足などの要因によって強化されている諸相を描き出している。この分析を受けて、母子生活支援施設の資源や選択肢の充実を図る必要性を喚起するとともに、そうすることによって施設内での入居者に対する抑圧的な介入を低減する（入居者に対する母親規範の押し付けを緩和する）可能性を模索すべきことを提起している。

ネットワーク

また二〇〇〇年代以降の社会的養護改革の動向のなかで力点が置かれた項目の一つが、施設入所児童の卒園後の自立に関する主題であり、その後の社会的なネットワーク構築の重要性だった。その主題を見据えたうえで小学校時代の児童養護施設の入所児同士の学校での仲間関係の形成のあり方を論じたのが、第４章である。

従来、児童養護施設の子どもをめぐる研究の多くは、主に施設内の子ども間や職員―子ども間の関係性をめぐって議論してきたが、学校での児童養護施設の入所児の関係形成に焦点を当てた研究はこれまでなされてこなかった。またこの論文でも指摘しているように児童養護施設の仲間関係形成を論じた多くの研究はアーヴィング・ゴッフマンのスティグマ概念に依拠しながらその諸相を描くことが多かった。それに対して、ネットワークという概念を用いながらそれを描き出したことも本論文の大きな成果だろう。

この論文では、学校でのフィールド調査をもとに、施設入所児たちが学校集団のなかで孤立しがちであり、施設入所児たちだけで集まる傾向があること、また学校集団のなかで新たな友人関係を構築することが難しいことを指摘する。また児童養護施設での施設行事も、入所児同士の仲間関係の形成・強化に寄与する一方で、学校での友人と関わる機会を限定的なものにするという逆機能を有していることを指摘している。

2 社会的養護の社会学をめぐる今後の課題

以上、本書で得られた知見と学術上の成果とを、社会規範、専門概念、そしてネットワークという視角から整理してきたが、最後に本書の限界と今後の社会的養護の社会学の展望を論じておきたい。

子ども自身への調査

社会的養護という場は、プライバシー保護や子どもの権利、そのほか、調査者が留意すべき研究倫理上の問題が多く存在しているが、そうした事柄に十分配慮したうえで、社会的養護のなかで生活する子どもへの調査の必要性を喚起しておきたい。この主題は、子どもへの調査の必要性を喚起する近年のイギリスを中心とする子ども社会学の動向[3]や、子どもアドボカシーの重要性が高まっている近年の日本の動向ともベクトルを一にする。

社会的養護を主題とした調査の多くは、施設での参与観察や施設職員への質問紙調査やインタビュー調査、施設退所者に対する回顧的インタビュー調査などからなされることが多いが、今後は子ども自身を対象にした調査の必要性がますます重要性を増していくはずである。

施設種別間比較

また本書では、児童養護施設や里親、母子生活支援施設といった複数の社会的養護の場のあり方を分析してきたが、厳密な意味での比較研究を本書内で展開することはできなかった。社会的養護研究の多くは、従来は児童養護施設や里親を中心におこなわれてきたが、乳児院や児童自立支援施設、児童心理治療施設といった施設種間の比較調査や、大舎制施設と中舎制施設、小舎制施設とファミリーホーム、そして里親など、施設規模別にみられるジェンダー規範や「家庭」規範、「発達障害」「愛着障害」の捉えられ方や子どものネットワーク形成上の差異の分析など、今後なされる必要がある多くの作業が残されている。(4)

歴史

また、社会学の視座から社会的養護の歴史的変遷を分析していく作業も、今後ますます必要になってくるだろう。従来、社会的養護の歴史の多くは、社会福祉史や社会事業史の視座から編まれることが多かった。そこでは、本書で明らかにしてきた「家庭」規範やジェンダー規範、「愛着障害」や「発達障害」の医療化などの主題が積極的に扱われることは少ないが、そうした主題群を歴史という面から問い直していく作業も今後必要性を増していくだろう。また本書では、特に第1章と第5章で二〇〇〇年代に至る歴史的経緯を社会学の視座から分析してきた。こうした事象を他国の社会的養護の歴史的変遷とも突き合わせながら日本社会の制度の特異性を歴史的視座から明らかにしていくことも今後は必要なはずだ。

国際比較

また、今後は現在の日本の社会的養護のあり方を国際比較の観点から問い直していく作業の重要性がますます増していくはずである。本書の限界の一つには、扱った調査対象が日本国内に限定されていることが挙げられる。編者の一人である藤間公太によるイタリアと日本の比較研究[5]や上村泰裕による国際比較研究[6]によって先鞭が着けられているものの、まだ十分な議論が展開されているとは言いがたい。社会的養護の社会学の大きな課題だろう。

本書中でも述べたとおりに、社会的養護をめぐる研究は、その多くが社会福祉学の視座からなされてきている状況は現在も変わらない。しかし、そうした研究群では、ジェンダー分析や「家族」や「家庭」をめぐる規範分析、「愛着障害」や「発達障害」の創出・医療化など、社会的養護のなかで特に顕著に表出しやすい諸々の社会規範に対する踏み込んだ分析ができにくい。ここに社会的養護の社会学が求められる理由がある。今後の社会的養護のあり方を構想する際には、この社会福祉学と社会学の視点を両輪として多角的な視点からの議論が求められるだろう。本書がそうした議論の一端を担うことができれば、執筆陣にとってこれ以上の喜びはない。

注

（1）藤間公太『代替養育の社会学――施設養護から〈脱家族化〉を問う』晃洋書房、二〇一七年

（2）土屋敦『はじき出された子どもたち――社会的養護児童と「家庭」概念の歴史社会学』勁草書房、二〇一四年

（3）例えば、子どもの貧困問題を子ども自身に対する調査から描き出したテス・リッジ『子どもの貧困と社会的排除』（渡辺雅男監訳、中村好孝／松田洋介訳、桜井書店、二〇一〇年）など。

（4）社会的養護に関する施設種別間比較研究は数少ないが、野崎祐人／平安名萌恵／三品拓人「社会的養護施設における相互行為のなかの子ども観――児童養護施設・乳児院・母子生活支援施設」（第二十八回子ども社会学会大会、二〇二二年七月五日）などがある。

（5）藤間公太「各国の動向　イタリア社会的養護の日本への示唆」、国立社会保障・人口問題研究所編「社会保障研究」第三巻第一号、国立社会保障・人口問題研究所、二〇一八年

（6）上村泰裕「国際比較から見た日本の子どもの貧困と社会的養護」、資生堂社会福祉事業財団編「世界の児童と母性」第七十九号、資生堂社会福祉事業財団、二〇一五年

あとがき

土屋 敦

様々な社会的養護の場に内在する家族規範や子ども規範を、社会学の視座から複数の研究者による共同作業で再考するような書籍が編めないか。本書は、そうした問いかけを有した若手研究者の方々の発案によって生まれた。

本書の執筆者である三品拓人、野崎祐人、平安名萌恵はそれまで児童養護施設や乳児院、里親や母子生活支援施設など複数の社会的養護の場の共同比較研究をおこなっていて、本書の初発のアイデアは彼ら三人の共同研究での議論の蓄積に負うところが大きい。その後、研究グループには宇田智佳が加わり、その後に土屋敦、藤間公太、吉田耕平の三人が加わることで本書全体の構想が形成されていった。

本書執筆にあたり、二〇二一年十二月から二二年十一月まで月一回のペースで検討会を継続的におこなったが、本書の作成はそれこそ困難の連続だった。議論を重ねるなかで、最終的に当初構想していた内容とは大きく異なる内容になった章も少なくない。そうした約一年にわたる試行錯誤の末に、本書が少しでも読むに堪えるものに仕上がっていることを願うばかりだが、最終的な判断は読者の方々に委ねるしかない。とはいえ、本書が曲がりなりにも刊行にこぎつけられたことを、執筆者一同ほっと胸をなでおろしている。

本書を仕上げるにあたり特に大切にしたことは、本書が社会学の視座からの分析の書であることに加えて、各章が長期間にわたるフィールド調査経験のなかで生じた問いをもとに編んだ点にある。執筆者のなかでも吉田耕平は元児童養護施設職員であり、職員時代に生じた違和感を有形のものにするために社会学の研究室の門を叩いたという経歴を有する。また、三品拓人は児童養護施設での非常勤職員を七年間続けながら参与観察に基づく多くの論考を編んでいる。平安名萌恵も母子生活支援施設での非常勤職員を継続しながら論考を組み立てていて、宇田智佳と野崎祐人にも学校や児童養護施設での長期間にわたるフィールド調査歴がある。こうした現場経験が本書のクオリティを少しでも押し上げていることを願う。

また、本書の企画が最終的に実現できたのは青弓社の矢野未知生さんのご助力にほかならない。矢野さんには、まだ構想段階だった初発のアイデア集の段階から多くの有益なコメントと、そうした細切れのアイデアを一冊の書籍にまとめ上げるための多くの知恵をいただいた。心から感謝を申し上げたい。

二〇二三年四月　執筆者を代表して

［著者略歴］
野崎祐人（のざき ゆうと）
1996年、愛知県生まれ
京都大学大学院人間・環境学研究科博士後期課程
専攻は家族社会学、歴史社会学
論文に「1970〜90年代における養護施設の職員論の変遷」（「フォーラム現代社会学」第22巻）、「草創期の近江学園における知能検査の実施とその影響」（「フォーラム現代社会学」第20巻）など

三品拓人（みしな たくと）
1989年、岐阜県生まれ
日本学術振興会特別研究員
専攻は家族社会学
分担執筆に『家族変動と子どもの社会学』（新曜社）、論文に「児童養護施設の日常生活において見られる「家庭」の内実」（「家族社会学研究」第34巻第1号）など

宇田智佳（うだ ともか）
1995年、石川県生まれ
大阪大学大学院人間科学研究科博士後期課程
専攻は教育社会学、家族社会学、子ども社会学
論文に「児童家庭支援センターと学校の連携体制構築における課題と可能性」（「部落解放研究」第217号）、「児童養護施設で暮らす子どもたちの家族をめぐる〈語り〉」（「家族社会学研究」第35巻第1号）など

吉田耕平（よしだ こうへい）
1983年、徳島県生まれ
東北文教大学人間科学部准教授
専攻は福祉社会学、医療社会学
論文に「児童養護施設の職員が抱える向精神薬投与への揺らぎとジレンマ」（「福祉社会学研究」第10巻）、「子どもの問題行動への視角の変遷と医療化プロセスの検証」（「徳島大学地域科学研究」第9巻）など

平安名萌恵（へんな もえ）
1994年、沖縄県生まれ
立命館大学大学院一貫制博士課程、日本学術振興会特別研究員
専攻は家族社会学、沖縄学、ジェンダー
論文に「「沖縄の非婚シングルマザー」像を問い直す」（「フォーラム現代社会学」第19巻）、研究ノートに「「雨宿り」としての家族」（「ソシオロジ」第67巻第1号）など

［編著者略歴］
土屋 敦（つちや あつし）
1977年、神奈川県生まれ
関西大学社会学部教授
専攻は福祉社会学、家族社会学、子ども社会学
著書に『はじき出された子どもたち』（勁草書房）、『「戦争孤児」を生きる』（青弓社）、共編著に『孤児と救済のエポック』（勁草書房）など

藤間公太（とうま こうた）
1986年、福岡県生まれ
京都大学大学院教育学研究科准教授
専攻は家族社会学、福祉社会学、教育社会学
著書に『代替養育の社会学』（晃洋書房）、監修書に『児童相談所の役割と課題』（東京大学出版会）、分担執筆に『どうする日本の家族政策』（ミネルヴァ書房）など

社会的養護《しゃかいてきようご》の社会学《しゃかいがく》
家庭と施設の間にたたずむ子どもたち

発行――2023年9月19日　第1刷
定価――2400円＋税
編著者――土屋 敦／藤間公太
発行者――矢野未知生
発行所――株式会社青弓社
〒162-0801 東京都新宿区山吹町337
電話 03-3268-0381（代）
http://www.seikyusha.co.jp
印刷所――三松堂
製本所――三松堂

ISBN978-4-7872-3524-4　C0036

土屋 敦

「戦争孤児」を生きる

ライフストーリー／沈黙／語りの歴史社会学

当事者へのインタビューから、浮浪生活の実態や親戚宅での冷酷な処遇、教育・就職の困難など、これまでの歩みを浮き彫りにして、スティグマとどう向き合っているのかを検証する。定価2400円＋税

野辺陽子／松木洋人／和泉広恵／土屋 敦 ほか

〈ハイブリッドな親子〉の社会学

血縁・家族へのこだわりを解きほぐす

代理出産、特別養子縁組制度、里親、児童養護施設などの事例から、多様化し複雑化する昨今の〈親子〉事情を丁寧に腑分けして紹介し、それぞれの現状と問題点を多角的に分析する。 定価2000円＋税

元森絵里子／高橋靖幸／土屋 敦／貞包英之

多様な子どもの近代

稼ぐ・貰われる・消費する年少者たち

日本の戦前期の年少者の生とそれを取り巻く社会的な言説や制度を丁寧に掘り起こし、アリエスが『〈子供〉の誕生』で示した子ども観とは異なる多様な子どもの近代に光を当てる。 定価1600円＋税

阪井裕一郎

仲人の近代

見合い結婚の歴史社会学

「結婚」や「家」と密接な関わりがあった仲人は、どのように広まり定着して、なぜ衰退したのか。仲人の近・現代をたどり、近代日本の家族や結婚をめぐる価値観の変容を照射する。定価1600円＋税